Hermann aut Oesterley

Romulus

Die Paraphrasen des Phaedrus und die Aesopische Fabel im Mittelalter

Hermann aut Oesterley

Romulus

Die Paraphrasen des Phaedrus und die Aesopische Fabel im Mittelalter

ISBN/EAN: 9783742868374

Hergestellt in Europa, USA, Kanada, Australien, Japan

Cover: Foto ©Thomas Meinert / pixelio.de

Manufactured and distributed by brebook publishing software
(www.brebook.com)

Hermann aut Oesterley

Romulus

ROMULUS

DIE PARAPHRASEN DES PHAEDRUS

UND

DIE AESOPISCHE FABEL IM

MITTELALTER

VON

HERMANN OESTERLEY.

BERLIN,

WEIDMANNSCHE BUCHHANDLUNG.

1870. –

CARL GOEDEKE

1*

INHALT.

EINLEITUNG.

I. Die paraphrasen des Phädrus.
II. Die Aesopische fabel im mittelalter.

Romulus.

Appendix.

EINLEITUNG.

Die vorliegende arbeit hat einen doppelten zweck: erstens einen philologischen, die möglichste nutzbarmachung der ältesten prosaauflösungen des Phädrus für die textkritik der Phädrianischen fabeln; zweitens einen literärgeschichtlichen, die darlegung der historischen gestaltung und entfaltung sowohl des Romulus selbst, des einflussreichsten unter den paraphrasten des Phädrus, als auch der späteren ausflüsse und erweiterungen des Romulus, eine darlegung also von der geschichtlichen entwicklung der sogenannt Aesopischen fabel im mittelalter. Denn es darf nicht vergessen werden, dass die ächt Aesopische fabel während des ganzen mittelalters völlig verschollen und verloren war, dass von dem halb mythischen fabeldichter der Griechen nur wirre traditionen sich erhalten hatten, und dass diese traditionen nicht etwa an lebendig gebliebene fabeln des griechischen dichters anknüpften, sondern vielmehr an die jamben des römischen Phädrus, wiederum aber nicht unmittelbar an den freigelassenen des Augustus, sondern an die mundgerechter erscheinenden prosaauflösungen seiner fabeln, speciell an die paraphrasen des Romulus. Denn auch des römischen dichters werke waren schon früh verschollen und verloren, wie die des griechischen; und so ausschliesslich die verschiedenartigsten fabelsammlungen des mittelalters den namen Aesops an der stirne tragen — mit einziger ausnahme der ziemlich unverändert, aber auch ziemlich einflusslos gebliebenen fabeln Avians — und so unverkennbar sie alle in den dichtungen des Phädrus ihre letzte quelle haben, so liegt doch der unmittelbare anfangspunkt der gesammten reichen entwicklung des mittelalters lediglich in der prosabearbeitung des Romulus.

So nahe sich danach die beiden aufgaben der vorliegenden arbeit auf der einen seite berühren, so gehen sie doch auf der anderen seite wieder zu weit auseinander, um eine zusammenfassende lösung zu gestatten; ich beginne daher mit dem philologisch wichtigen.

I.

DIE PARAPHRASEN DES PHAEDRUS.

Die prosaauflösungen der Phädrianischen fabeln sind bisher ausschliesslich im zusammenhange mit ihrem originale, speciell in beziehung auf die textkritik des Phädrus, zum gegenstande der wissenschaftlichen forschung gemacht worden. Die verwerthung derselben für diesen zweck hat bei der mangelhaftigkeit der handschriften des Phädrus bis zum gegenwärtigen augenblicke als eine unerlässliche nothwendigkeit gegolten: aber auch das für diesen zweck zur verfügung stehende hülfsmaterial war verhältnismässig noch sehr mangelhaft. Es bestand zunächst aus der handschrift des Romulus, welche Guden um 1662 in einem Benedictinerkloster zu Dijon aufgefunden hatte, und welcher er damals ein alter von mindestens 500 jahren beilegte, wonach sie also ins zwölfte jahrhundert zu setzen wäre, ferner aus der in Steinhöwels Aesop enthaltenen fassung, dessen älteste ausgabe zwischen 1476 und 1480 von Joh. Zainer in Ulm gedruckt war. Sonst waren nur bruchstücke bekannt, zunächst die sehr mangelhaften in J. F. Nilants fabulae antiquae, Lugd. Batav. 1709, abgedruckten, ferner aber die von Vincenz von Beauvais in das speculum historiale und doctrinale aufgenommen. Dieses gesammtmaterial, welches bis dahin nur in einzelnen theilen ausgebeutet war, ist von J. G. S. Schwabe unter zugrundelegung des Divionensis nach der abschrift Gudens und unter vergleichung der übrigen fassungen hinter seiner ausgabe des Phädrus, bd. 2, s. 585 bis 676, Braunschweig 1806, zu bequemer benutzung vereinigt. Leider aber ist diese ausgabe häufig unbrauchbar; nicht so sehr, weil Schwabe durchgehends einen neuen text construirt hat, sondern weil die angemerkten varianten unzuverlässig sind, weil vieles als im Divionensis enthalten bezeichnet wird, was nur in den jüngeren, ungleich weniger gewichtigen fassungen sich findet.

Dieses bis dahin allein zugängliche material wird nun durch die vorliegende arbeit wesentlich vermehrt nnd erweitert. Zunächst bin ich glücklich genug gewesen, eine nicht erst dem zwölften, sondern schon dem zehnten jahrhundert angehörende handschrift des Romulus aufzufinden, welche mit ausnahme völlig bedeutungsloser abweichungen in einzelnen wörtern dem Divionensis wort für wort congruent ist, ja selbst die meisten lesefehler und schreibfehler mit ihm theilt. Dieser text ist in dem codex Burneianus 59 fol. des Britischen museums enthalten, in dem gedruckten kataloge der Burneymanuscripte freilich dem elften jahrhundert zugewiesen, aber bei einer im August 1869 vorgenommenen revision mit vollem rechte auch bibliothekseitig um ein jahrhundert früher gesetzt. Der codex, auf grösstem folioformate mit musterhaft schönen zügen geschrieben, lässt die erste seite frei, dann folgen bl. 1b. bis 6b. die fabeln des Romulus und den schluss machen kurze propositiones ad acuendos iuvenes.

Die bedeutung dieser handschrift liegt zunächst in ihrem alter und dem dadurch urkundlich gelieferten beweise von dem vorhandensein der prosafabeln des Romulus schon im zehnten jahrhundert. Die bisherigen untersuchungen in dieser richtung sind dadurch mit einem schlage beseitigt, so dass es überflüssig erscheint, irgendwie auf dieselben einzugehen. Die bedeutung der handschrift liegt aber ferner ebensowohl in der vollständigen übereinstimmung mit einem um zwei jahrhunderte jüngeren codex, durch welche erwiesen wird, dass eine ganz bestimmte fassung unserer fabeln — diejenige nämlich, welche nach einem widmungsschreiben des Romulus an seinen sohn Tiberinus einen bestand von rund achtzig fabeln in stehender folge auf vier bücher vertheilt und mit einer zuschrift an Rufus abschliesst, wie das vorstehende inhaltsverzeichnis übersichtlich zeigt — dass diese fassung nicht nur im zehnten jahrhundert schon fest ausgebildet war, sondern auch mehrere jahrhunderte hindurch sich durchaus unverändert erhalten hatte. Da diese recension nun gegen ende des vierzehnten jahrhunderts, unbeirrt von vielen tiefgehenden abweichungen und ausgestaltungen der zwischenzeit, im ganzen wenig verändert von neuem auftaucht, so darf wohl angenommen werden, dass dieselbe die eigentlich und ursprünglich dem Romulus zugehörende fassung darstellt, die eine reihe von jahrhunderten hindurch im wesentlichen unverändert sich fortpflanzte, während sie zu gleicher zeit die grundlage für eine reihe durchaus abweichender gestaltungen, zum theile sogar völlig neuer schöpfungen bildete.

Durch die auffindung der älteren handschrift des Romulus ist auch die frage nach der person desselben in ein anderes verhältnis gerückt. Nicht zwar in beziehung darauf, ob der name

ein untergeschobener sei oder nicht — bei der häufigkeit der
namen sowohl des Romulus wie seines sohnes Tiberinus liegt
nicht der geringste grund vor, dieselben für fingirt zu halten —
wohl aber in rücksicht darauf, welchen von den vielen trägern
des namens Romulus man möglicherweise für den verfasser
unserer prosaauflösung halten könne; denn genaueres wird sich
schwerlich jemals feststellen lassen. Ich begnüge mich mit dem
hinweise, dass das alter des Burneianus es durchaus gestattet,
den 'Romulus de via Ardeatina, civis Romanus', ins auge zu
fassen, der im jahre 964 ein schismatisches document unter-
zeichnete, s. Baronius. Annal. a. 964 XX., aber enthalte mich
jeder weiteren vermuthung.

Wenn danach der codex Burneianus bis zur immerhin
möglicher entdeckung einer noch älteren handschrift als der
älteste text der eigentlichen fabeln des Romulus zu gelten
hat, wie diese fassung vorher charakterisirt ist, so bietet derselbe doch nicht den ältesten text einer prosaauflösung der
Phädrianischen fabeln dar, vielmehr ist von einer solchen eine,
meiner schätzung nach, mindestens fünfzig Jahre ältere handschrift erhalten, und zwar in dem ehemals Weissenburger, jetzt
Wolfenbütteler codex Gudianus 148. Eine ausführliche, leider
nicht überall zuverlässige beschreibung dieses textes nebst vergleichung mit den fabeln des Phädrus, sowie mit dem Divionensis und den von Nilant veröffentlichten fassungen, ist in
der schrift enthalten: Ludov. Trossii ad Jul. Fleutelot de codice
olim Wisseburgensi nunc Guelpherbytano epistola, Hammone
1844, ohne dass derselbe, trotz der damit gegebenen anregung,
bis jetzt für die kritik des Phädrus irgendwie erschöpfend verwerthet wäre. Der codex ist mit schönen schriftzügen, aber
entsetzlich fehlerhaft, im anfange des zehnten jahrhunderts geschrieben; die auch hier unter dem namen Aesops auftretenden
fabeln füllen bl. 61ᵃ· bis 82ᵃ·, während der titel 'Incipit liber
Ysopi' (corrigirt zu Esopi) und die überschrift 'Magistro
Rufo Aesopus salutem' noch auf bl. 60ᵇ· stehen. Die fabeln
sind in fünf bücher eingetheilt, deren jedem mit ausnahme des
ersten ein besonderes inhaltsverzeichnis vorausgeht. Das erste
buch enthält 14, das zweite und dritte je 11, das vierte 16, und
das fünfte, obwohl die inhaltsübersicht fälschlich 12 aufzählt,
wieder 11 capitel. Diese eintheilung in zusammen 63 nummern
ist aber nicht richtig, da mehrere stücke in verschiedene capitel
zerrissen sind, sei es nun aus unkenntnis des schreibers, oder
weil derselbe nach einer in unordnung gerathenen vorlage ar-

beitete. Zunächst bilden, wie schon Tross bemerkt hat, IV, 5
und 13 nur eine fabel, ebenso IV, 6 und 16; ferner aber ist
V, 6 nur die einleitung zu dem folgenden stücke und V, 8 bildete ursprünglich einen theil der praefatio, wie die entsprechende nummer des Burneianus und Divionensis IV, 23
zeigt. Wie in der gliederung, so ist diese fassung auch in der
folge der einzelnen capitel durchaus verschieden sowohl von
den handschriften des Phädrus wie von dem ursprünglichen
texte des Romulus, aber sie enthält ausser den beiden letzten,
dem epiloge vorhergehenden stücken V, 9 und 10 nichts, was
nicht auch Romulus böte. Diese beiden stücke sind freilich besonders wichtig, weil bei ihnen schon die leisesten aenderungen
genügen, um die ursprünglichen jamben herzustellen, wie schon
Tross S. 13 und 31 praktisch bewiesen hat.

Auch die übrigen fabeln des Wisseburgensis stehen dem
Phädrus ausserordentlich nahe, bei weitem näher als selbst die
ältesten handschriften des Romulus. Es ist entschieden keine
abweichende recension des Romulus, sondern eine selbstständige, weit zartere auflösung des Phädrus; ja ich wage zu behaupten, dass seine vorlage nichts war, als eine von ungeschickter hand vorgenommene abschrift einer defecten oder sonst
unvollständigen Phädrushandschrift, welche die ungewohnten
jamben für einfache prosa hielt und durch willkürliche änderungen die verse zerstörte. Ich sage das ausdrücklich von der
vorlage des Wisseburgensis, nicht von diesem selbst, weil der
schreiber desselben, wie sich gleich zeigen wird, des lateinischen
zu wenig mächtig war, um auch nur die geringste änderung
absichtlich vorzunehmen; was er geändert hat, das ist unabsichtlich geschehen, das ist lediglich seiner geradezu unglaublichen unkenntnis zuzuschreiben.

So nahe nun auch diese älteste prosaauflösung ihrem originale steht, so war doch Tross kaum berechtigt, bei der überschrift des zweiten buches 'Incipit liber secundus Aesopi fabri'
in den ausruf auszubrechen: 'Etenim in postrema voce Phaedri
ipsius nomen latere, quis est, quin statim videat?' Denn ich
muss in aller bescheidenheit behaupten, dass dieses 'fabri' einfach aus einer unverstandenen abkürzung von 'fabularum' entstanden ist, wie es sich an den entsprechenden stellen aller
übrigen bücher richtig findet. Doch erhält der codex durch die
zartheit seiner auflösung eine bedeutung für die kritik des
römischen dichters, welche die des Romulus, des zweiten paraphrasten, bei weitem überragt, und die veröffentlichung dieses

textes würde daher eine höchst dankenswerthe aufgabe gewesen
sein. Dem aber steht leider ein unüberwindliches hindernis
entgegen. Der codex ist nämlich so unaussprechlich fehlerhaft,
so ohne das allergeringste verständnis der sprache copirt, dass
man schon aus diesem grunde nicht daran denken könnte, ihn
zu ediren, ohne ihn einer durchaus umgestaltenden kritik zu
unterziehen, welche seine philologische bedeutung wenigstens
auf ein minimum hinabdrücken würde. Aber selbst das ist unmöglich, ohne den eigentlichen zweck der herausgabe fallen zu
lassen, weil nämlich eine hand des elften jahrhunderts es bereits
unternommen hat, in dem codex selbst jene umgestaltende
kritik zu üben. Diese zweite hand hat so durchgreifend ge-
bessert und ist namentlich so verschwenderisch mit rasuren
umgegangen, auf welchen sie dann ihre berichtigungen nachgetragen hat, dass es durchaus unmöglich ist, den ursprünglichen
wortlaut wieder herzustellen, der in mehreren stücken bis auf
wenige einzelne wörter ausgemerzt werden musste. Diese
correcturen erstrecken sich bis zum schlusse des vierten buches,
im fünften ist nur einzelnes leise geändert, obwohl auch dieses
der besserung vielfach bedurfte. Vielleicht wurde die arbeit zu
mühsam. In sehr vielen fällen ist die bessernde hand offenbar
auf grund einer andern recension angelegt, und zwar, wie
namentlich die überschriften beweisen, auf grund einer handschrift des Romulus. Dadurch erhalten die correcturen häufig
die bedeutung einer besonderen handschrift, obwohl sie nicht
selten auch ganz willkürlich sind und mehrfach selbst unzweifelhaft ächte lesarten beseitigen.

Unter diesen umständen bot sich für die wünschenswerthe
ausbeutung der ältesten handschriften zum behufe der Phädrus-
kritik nur der eine weg dar: den ältest erreichbaren text des
Romulus Burneianus unter zufügung der varianten des Divionensis zu grunde zu legen, diesen text aber durch die abweichungen des Wisseburgensis zu bereichern. Das ist der weg,
der in der folgenden ausgabe eingeschlagen ist; der Burneianus
(A) ist nach meiner abschrift, bis auf das in den noten bemerkte
buchstäblich genau, abgedruckt; der Divionensis (B) ist, natürlich nicht nach dem von Schwabe neu construirten texte, sondern nach der die stelle des verschollenen originals vertretenden
abschrift Gudens, im besitze der Wolfenbütteler bibliothek, cod.
Gud. 182 quart, genau verglichen, so dass der wortlaut beider
handschriften ohne mühe hergestellt werden kann; und diesem
texte des Romulus sind die abweichungen des Wisseburgensis

in so weit vollständig beigefügt, dass mit ausnahme der offenbarsten schreibfehler der ersten hand und der correcturen derselben von der zweiten hand, deren anmerkung den umfang der noten ohne irgend welchen nutzen verdoppelt haben würde, jede variante sowohl des originaltextes, sofern sie noch erkennbar war, als auch der correcturen notirt wurde. Dabei haben indessen, um die noten nicht zu sehr anschwellen zu lassen, die kleineren und nicht neu beschriebenen rasuren des correctors unberücksichtigt bleiben müssen, wenn der ursprüngliche text nicht mehr zu entziffern war. Die signatur C bezeichnet überall den originaltext, während die besserungen der zweiten hand stets als solche hervorgehoben sind. Bei dieser einrichtung lässt sich nicht allein der wortlaut des ersten textes mit sicherheit wiederherstellen, so weit die rasuren ihn nicht zerstört haben, sondern auch die nachträge der zweiten hand sind als solche kenntlich gemacht, wo sie nicht lediglich auf formverbesserungen auslaufen. Damit aber ist meines erachtens alles geschehen, was zur möglichsten nutzbarmachung dieses so ungestalten wie verunstalteten textes geschehen konnte. Bei einer demnächst etwa vorzunehmenden ausnutzung des damit nutzbar gemachten wird als grundsatz festgehalten werden können, dass im grossen und ganzen der Wisseburgensis dem Burneianus und Divionensis als controle dient, also alles ihnen gemeinschaftliche als unzweifelhaft dem Phädrus angehörend betrachtet werden muss, während im einzelnen, z. b. beim versuche einer neuen wiederherstellung verlorener Phädrianischer fabeln nach art des Burmann'schen appendix, so wie bei der eigentlichen kritik des vorhandenen textes, dem Wisseburgensis, selbstverständlich in einem kritisch berichtigten wortlaute, entschieden der vorrang gebührt.

Zu leichterer übersicht des verhältnisses zwischen dem Weissenburger paraphrasten und dem ursprünglichen Romulus diene die folgende vergleichung:

Cod. Wisseb.	Cod. Burn.
Praefatio u. 5, 8.	— 4, 23.
1,1.	Wolf und lamm 1,2.
1,2.	Hund und schaf 1,4.
1,3.	Maus und frosch 1,3.
1,4.	Hasen und frösche 2,9.
1,5.	Wolf und zicklein 2,10.
1,6.	Hund und schatten 1,5.
1,7.	Löwentheil 1,6.

4,14. Berg gebiert 2, 5.
4,15. Vater und böser sohn 3, 11.
4,16. s. 4, 6.
5,1. Hund im alter 2, 7.
5,2. Löwe, böser athem 3, 20.
5,3. Trauben sauer 4, 1.
5,4. Pfau und Juno 4, 4.
5,5. Panther und bauern 4, 5.
5,6 u. 7. Hahn und perle.
5,7. s. 5,6.
5,8. s. Prolog.
5,9. Fuchs mensch. Fehlt; app. 1.
5,10. Stier und kalb. Fehlt; app. 2.
5,11. Aesops statue 4, 22.

Die übrigen handschriften des Romulus sind sämmtlich
jüngeren datums und haben deshalb für die philologische forschung nur ein untergeordnetes interesse. Denn je jünger die
handschriften, desto häufiger sind sie umgeschrieben worden
und desto weiter entfernen sie sich damit von ihrem ersten
ursprunge, da die schreiber meistens so willkürlich mit ihren vor-
lagen umzugehen pflegten, dass sie völlig neue texte, blosse paraphrasen der paraphrase herstellten. Das hat aber nur in so weit
geltung, als die jüngeren handschriften nach anordnung und
inhalt mit den älteren mehr oder weniger übereinstimmen,
während dieselben, als vertreter ihrer verlorenen älteren vor-
lagen, eine durchaus gleichberechtigte stellung einnehmen in
bezug auf diejenigen stücke, deren ursprung mit sicherheit oder
wahrscheinlichkeit auf Phädrus zurückgeführt werden kann,
ohne dass sie in jenen ältesten fassungen enthalten wären.
Einige dieser späteren handschriften verlangen aber schon deshalb eine genauere betrachtung, weil sie einestheils für die textkritik des Phädrus bereits verwendung gefunden haben, andern-
theils aber für die weitere verbreitung unserer fabeln von tief-
greifendem einflusse gewesen sind.

Unter diesen nimmt der von Stainhöwel veröffentlichte
text die hervorragendste stelle ein, zunächst weil er wenigstens
in der anordnung des stoffes den ältesten fassungen ausserordentlich nahe steht, ferner aber, weil er den ausgangspunkt
einer neuen nnd weitgehenden verbreitung in späteren jahrhunderten bildet. Ueber abstammung und alter der dem Stainhöwel'schen drucke zu grunde liegenden handschrift ist nichts
bekannt; einzelne characteristische eigenthümlichkeiten beweisen

indessen zur evidenz, dass die durch sie repräsentirte fassung
bereits im zwölften jahrhundert ausgebildet war. Das wortgefüge
des textes ist nicht unbedeutend erweitert, doch überall so, dass der
ursprung aus der ältesten fassung nirgends zweifelhaft erscheint.
Dasselbe ist der fall in beziehung auf die anordnung des stoffes.
Die wenigen, zum theile freilich bedeutsamen abweichungen
sind die, dass zunächst die beiden schlussstücke unseres textes,
die beschreibung der statue Aesops und das schlusswort an
Rufus, fehlen. Ich glaube das eben so wohl auf rechnung des
herausgebers wie der vorlage desselben setzen zu können. Bedeutend dagegen ist die ausgleichung der verschiedenheit in den
capitelzahlen der ersten beiden bücher, von denen in unserm
texte das erste 19, das zweite dagegen 21 zählt. Durch die ein-
fügung der nummer 2,8 (adler und fuchs) nach cap. 12 des
ersten buches sind beide bücher auf den gleichen bestand von
zwanzig nummern gebracht, und diese abweichung stammt nicht
von Steinhöwel, sondern ist bei weitem älter. Offenbar dem
herausgeber zuzuschreiben ist dagegen das bestreben, auch das
letzte buch auf zwanzig capitel abzurunden, wodurch der stoff
von achtzig fabeln durchaus gleichmässig auf die vier bücher
vertheilt worden wäre. Im texte Stainhöwels ist dieses bestreben
wirklich durchgeführt, die inhaltsübersicht seines vierten buches
verräth indessen, dass die handschrift an der entsprechenden
stelle die nummer 4,14 unseres textes (knabe und scorpion)
enthielt, und dass ferner als 4,18 die fabel vom fuchs und hahn
(app. 44) eingeschoben war, welche später, collect. 18ª, im texte
wirklich nachgetragen wird. Das aber sind auch alle abweichungen des Stainhöwelschen textes, so weit sie die anordnung des
stoffes betreffen.
     Ungleich ferner stehen der ältesten fassung die von Nilant
herausgegebenen zwei recensionen, die nur als bruchstücke oder
auswahlen aus dem eigentlichen Romulus betrachtet werden
können. Sie sind ohne zweifel den handschriften entnommen,
die jetzt als cod. Voss. lat. hist. et litt. 15 und cod. Voss. graec.
et var. arg. 19 in Leiden aufbewahrt werden. Nilant wusste
nicht, dass er zwei fassungen desselben werkes herausgab; er
bezeichnete die erste als: fabulae antiquae ex Phaedro fere ser-
vatis ejus verbis desumptæ et soluta oratione expositæ, während
die zweite richtig als Romuli fabulæ Aesopiæ auftritt. Aber auch
die erste sammlung ist nichts, als eine auswahl aus Romulus,
selbst die zuschrift an Tiberius ist in dem codex enthalten (und
daraus bei Nilant abgedruckt s. 65, note b), nur scheint derselbe

in unordnung gerathen zu sein, so dass Nilant den zusammenhang verkannte. Diese erste sammlung ist ungleich wichtiger als
die zweite. Sie hat den ursprünglichen wortlaut des Romulus
(und damit den grundtext des Phädrus) weit treuer bewahrt,
umfasst aber ferner eine reihe von stücken, die in unserm Romulus nicht enthalten sind, von denen wenigstens einige unzweifelhaft auf einer auflösung Phädrianischer verse beruhen.
Inhalt und anordnung der fabeln mag die folgende übersicht
darlegen, wobei ich nur bemerke, dass die in den ältesten Handschriften nicht vorkommenden stücke mit der nummer bezeichnet werden, die ihnen in meinem appendix zugewiesen ist.

Nil. fab. Cod. Burn.

1. Hahn und perle 1, 1.
2. Hungrige hunde app. 3.
3. Wolf und lamm 1, 2.
4. Maus und frosch 1, 3.
5. Hund und schaf 1, 4.
6. Hähne und habicht app. 4.
7. Hund und schatten 1, 5.
8. Schnecke und affe app. 5.
9. Löwentheil 1, 6.
10. Zwei sonnen, dieb 1, 7.
11. Mann (frau) und schlange 1, 10.
12. Esel und eber 1, 11.
13. Stadt- und feldmaus 1, 12.
14. Adler und fuchs 2, 8.
15. Rabe und fuchs 1, 14.
16. Löwe im alter 1, 15.
17. Schmeichelnder esel 1, 16.
18. Löwe und maus 1, 17.
19. Kranich und krähe app. 6.
20. Hanfsamen 1, 19.
21. Froschkönig 2, 1.
22. Traubenbeschützer 2, 2.
23. Hund und dieb 2, 3.
24. Kahlkopf und gärtner app. 7
25. Eule, katze, maus app. 8.
26. Fremde federn 2, 16.
27. Ameise und fliege 2, 18.
28. Affe richtet 2, 19.
29. Wiesel und mann 2, 20.

Die zweite, von Nilant unter dem namen des Romulus herausgegebene sammlung ist nichts als eine breiter ausgeführte

umschreibung von 45 fabeln des älteren werkes. Die folge derselben ist die, dass Rom. Nil. 1 bis 9 dem Rom. Burn. 1,1 bis
9 entsprechen. Nil. 10 ist 1,12, Nil. 11 ist das auch in Nilants
erster sammlung wie in Stainhövels recension an dieser stelle
stehende 2,8, nur folgt hier als 12 das dort fehlende stück 1,13
des Burn. Cap. 13 bis 16 entsprechen Burn. 1,14 bis 17, ebenso
cap. 17 bis 28 den nummern 1,19 bis 2,6 unseres textes. Dann
ist $24 = 2,9$; $25 = 3,1$; $26 = 3,2$; $27 = 3,4$; $28 = 3,5$;
$29 = 3,7$; $30 = 3,9$; $31 = 3,10$; $32 = 3,13$. Cap. 33 bis 36
sind paraphrasen von 3,14 bis 3,17, endlich ist $37 = 3,20$;
$38 = 4,3$; $39 = 4,4$; $40 = 4,6$; $41 = 4,8$; $42 = 4,10$; $43 = 4,12$;
$44 = 4,17$ und $45 = 4,19$, also offenbar eine der ursprünglichen
anordnung genau folgende auswahl aus einer zwischen dem
Burneianus und dem Romulus Stainhöwels stehenden fassung.

In dieser zweiten sammlung Nilants begegnet uns zum
ersten male die seltsame, aber echt mittelalterliche erhebung
des verfassers zum römischen kaiser, die früheren forschern
manches nutzlose kopfzerbrechen bereitet hat. Während nämlich
die überschrift des einleitenden briefes an Tiberinus in sämmtlichen bisher betrachteten und noch vielen ferner zu erwähnenden handschriften beginnt: Romulus Tiberino filio u. s. w.,
lautet sie hier: Romulus urbis Romæ imperator Tiberino filio
suo salutem mittit. Die Bezeichnung ist natürlich nichts als ein
epitheton ornans, durch welches der verfasser in den augen
seiner leser gehoben werden sollte; im ferneren verlaufe der
entwicklung ist die fiction noch weiter geführt, und dem sohne
des Romulus, Tiberinus, der kaisername Tiberius beigelegt.
Einen völlig analogen fall derartiger standeserhöhung zeigt des
Marbodæus schrift de lapidibus. Während die widmung derselben in einem Berner codex des zwölften jahrh. (Sinner, catal.
ms. 1,520) beginnt: Incipit prologus Evacis ad Tiberinum
de diversis generibus lapidum, lautet sie in den gedruckten
ausgaben: Evax Tiberio imperatori s. d.

Eine noch engere auswahl als die der beiden publicationen
Nilants bietet das von Vincentius Bellovacensis aus einer handschrift des Romulus in sein speculum historiale und doctrinale
aufgenommene dar. Beide werke enthalten dieselben neunund-
zwanzig fabeln, aber in durchaus abweichender folge. Das spec.
hist. lässt die ursprüngliche anordnung noch deutlich erkennen,
während das spec. doctr. den bestand völlig umgeordnet hat,
wie die folgende vergleichende übersicht zeigt:

Spec. hist.	Rom.	spec.	doctr.
1. Wolf und lamm	1, 2.	—	1.
2. Maus und frosch	1, 3.	—	2.
3. Hund und schatten	1, 5.	—	4.
4. Löwentheil	1, 6.	—	7.
5. Wolf und kranich	1, 8.	—	8.
6. Rabe und fuchs	1, 14.	—	11.
7. Löwe im alter	1, 15.	—	12.
8. Esel schmeichelt	1, 16.	—	13.
9. Löwe und maus	1, 17.	—	20.
10. Dieb und hund	2, 3.	—	6.
11. Berg gebiert	2, 5.	—	14.
12. Hasen und frösche	2, 9.	—	15.
13. Fremde federn	2, 16.	—	17.
14. Hirschhörner	3, 7.	—	9.
15. Fliege und ameise	2, 18.	—	18.
16. Frosch bläht sich	2, 21.	—	19.
17. Hengst und esel	3, 3.	—	21.
18. Vierfüssler und vögel	3, 4.	—	22.
19. Nachtigal u. habicht	3, 5.	—	3.
20. Axt und bäume	3, 14.	—	10.
21. Wolf u. feister hund	3, 15.	—	29.
22. Magen und glieder	3, 16.	—	24.
23. Fuchsschwanz theilen	3, 17.	—	5.
24. Eselhaut trommel	3, 18.	—	16.
25. Trauben sauer	4, 1.	—	26.
26. Affenkönig	4, 8.	—	23.
27. Eselstimme	4, 10.	—	27.
28. Fussspuren	4, 12.	—	28.
29. Ameise und grille	4, 19.	—	25.

Von anderen hierhergehörigen handschriften sind mir die folgenden bekannt geworden..

Cod. Oxon. colleg. corp. Christi 42, bl. 150 bis 161, 14 jahrh. enthält nur drei Bücher. Der anfang lautet: Incipit prologus super librum fabularum Esopi gentilis. Da der prolog mit den worten beginnt: Memoriam tibi tradam, so scheint die handschrift dem Weissenburger paraphrasten näher zu stehen, als dem Romulus.

Cod. Oxon. colleg. corp. Christi 86, bl. 113b bis 117. 14. jahrh. Anfang: Esopus introducit aves arbores et bestias loquentes. Enthält 45 capitel. Offenbar nur auszug.

Cod. Oxon. colleg. Mertonensis 258, bl. 25 bis 29. 14.jahrh'
Ebenfalls nur auszug, in dem aber Romulus als der übersetzer
Aesops genannt wird.
Cod. Harl. 2316, bl. 53. 15. jahrh., völlig unbrauchbare
auswahl, die bald in heiligenlegenden und ähnliches übergeht.
Die handschrift hat übrigens die alten einfachen namen conser-
virt: Romulus he de greco in latinum transtulit et ad filium
suum tiberinum direxit ita scribens: de civitate attica hesopu
quidam grecus et ingeniosus famulos suos docet quod observare
debeant homines etc.

II.
DIE AESOPISCHE FABEL IM MITTELALTER.

Damit sind die fassungen abgeschlossen, welche ihren ursprünglichen character als paraphrasen des Phädrus wenigstens
einigermassen bewahrt haben, obwohl auch bei ihnen schon
mehrfach fremde elemente eingang fanden. Parallel mit dieser,
durch mindestens fünf jahrhunderte hindurchgehenden, entwicklung der im engeren sinne als das werk des Romulus zu
bezeichnenden sammlung, hat nun aber noch eine bei weitem
reichere und mannigfaltigere ausgestaltung dieses grundwerkes
statt gefunden, eine ausgestaltung, welche den Romulus geradezu
als den vater der Aesopischen fabel im mittelalter erscheinen
lässt. Ich nenne ihn ausdrücklich den vater der Aesopischen
fabel, denn auch die nun zu betrachtende gruppe von fabelsammlungen trägt ausnahmslos den namen Aesops an der
spitze, während sie entweder des Romulus als seines übersetzers
gedenkt oder doch durch ihren inhalt bezeugt, dass sie aus der
sammlung des Romulus hervorgegangen ist; ja noch weit über
die grenzen des mittelalters hinaus, noch jahrhunderte nach dem
wiederaufleben und der verbreitung der ächt Aesopischen fabel,
ist die bezeichnung von fabelsammlungen als 'fabeln Aesops' im
gebrauche geblieben, welche ihren ursprung lediglich dem werke
des Romulus zu verdanken hatten. So beherrscht der Aesop des
Romulus, seinem ursprunge nach nichts weniger als ein bedeu-
tendes werk, nicht allein die gesammte fabelliteratur des mittelalters, sondern übt noch jahrhunderte weiter, man kann sagen
bis zum gegenwärtigen augenblicke herab, den gewaltigsten einfluss auf alle gebildeten völker der welt aus.
Die selbstständigeren bearbeitungen oder ausflüsse des
Romulus gliedern sich in unmittelbare und mittelbare. Unter

den unmittelbaren nimmt das werk des sog. Anonymus, später
nach Nevelets abdrucke in der Mythologia Aesopica, Frankfurt
1610, s. 486—530, meistens Anonymus Neveleti genannt, eine
bearbeitung der ersten drei bücher des Romulus in lateinischen
distichen, die hervorragendste stelle ein, die lange zeit hindurch
selbst unendlich weit verbreitet, ihrerseits wieder die quelle
einer reihe von mittelbaren ausflüssen geworden ist. Der verfasser dieser poetischen übertragung wird in den handschriften
und sonst mit den verschiedensten namen bezeichnet. Garicius
wird er genannt im cod. Madr. A. 163, Garritus im cod. Paris.
8023 (Robert, fabl. inéd. 1, ccxxiv) Galfredus im cod. Paris.
8259 (Rob, 1, lxxxvii; xciii) Hildebertus im cod. Vindob. 277
(Endl. catal. s. 158) Ugobardus de Salmone im cod. Hænelii
(Dressler Phædr, 159) Waltherus im cod. Cracov. et Mill. (Kropf
bei Mill. s. 46) Salo, Salone oder Serlo in der ausgabe Venedig
1519 und bei Janelli, Bernard de Chartres in Barth advers. 3, 22
(Girald, iter Cambr. 2, 3). Die bezeichnung des verfassers als
Accius (Baillet jugements de sav. 4, 312, wiederholt in Scal.
poet. 6,4, s. 789 und Quadrio della storia e della ragione d'ogni
poesia 4, s. 202) beruht auf der verwechslung mit dem herausgeber und bearbeiter dieser distichen in italienischen sonetten,
Accio Zuccho, während der von Lessing (zur gesch. u. lit. 5,54)
dem verfasser beigelegte name Alanus, der auch von Legrand
angenommen wurde (ohne dass er von Lessing gewusst hätte),
nur darin seine erklärung findet, dass die überschrift des französischen Ysopet (Ysopet I, cod. Paris. 7616) lautet: Compilacio
Ysopi alata cum Avionnetto, woraus wenigstens Legrand
machte: Compilatio Ysopi Alani etc. Vergl. Edlélst. du Méril,
poesies inéd. s. 162 note.

Als anhaltspunkt für das alter dieses Romulus in elegischen
versen hat bisher die hinweisung gegolten, welche in dem
1212 entstandenen Labyrinth des Eberhardus Bethuniensis
enthalten ist:

> Aesopus metrum non sopit: fabula flores
> Producit: fructum flos parit; ille sapit.

entsprechend dem prologe unseres anonymus:

> Hortulus iste parit fructum cum flore, favorem
> Flos et fructus emunt: hic sapit, ille nitet.

Da indessen eine Wolfenbütteler handschrift des werkes aus
dem zwölften jahrh. stammt, so ist demselben ein noch höheres
alter beizulegen.

Wie schon erwähnt, hat dieser anonymus die drei ersten

Bücher des Romulus bearbeitet und in dem Stainhöwelschen
Aesop sind genau die ersten sechzig fabeln desselben enthalten;
die nicht unbedeutende reihe von handschriften aber, so wie
die den handschriften an bedeutung gleichstehenden drucke
weichen in der zahl ihrer Stücke vielfach ab; meistens enthalten
sie nur 58 fabeln des Romulus, hängen aber eine grössere oder
geringere reihe von nachträgen an, wie auch gelegentlich in der
eigentlichen masse des textes einzelne auslassungen und einschiebungen vorkommen. Sämmtliche mir bekannt gewordenen
handschriften und drucke haben, wie schon der Romulus Nilants und mehrere der weiter zu besprechenden bearbeitungen,
als dreizehntes capitel die fabel vom fuchs und adler, entsprechen also dem Romulus Stainhöwels, nicht aber dem Burneianus
und dem Divionensis, welche dieses stück erst als 2,8 bringen,
so dass also jene fassung die nachhaltigste verbreitung gefunden
zu haben scheint.

Ein weiteres eingehen in die verschiedenen handschriften
und drucke des lateinischen anonymus würde nur ein biblio-
graphisches interesse haben, dagegen mögen die übertragungen
desselben in andere sprachen als die vehikel einer weiteren
verbreitung und als mittelbare ausflüsse des Romulus noch kurz
erwähnt werden. Der grössten beliebtheit hat sich diese sammlung in Italien zu erfreuen gehabt; Gaetano Ghivizzani zählt in
seiner ausgabe: Il volgarizzamento delle favole di Galfredo dette
di Esopo (Scelta di curiosità letterarie inedite o rare, dispensa
75, 76, Bologna 1866) s. clxi-clxxxix fünfzehn handschriften und
neun drucke auf, zu denen zunächst noch Ghivizzani's ausgabe
selbst hinzukommt, ferner aber die der mehrfach gedruckten
ausgabe des anonymus beigefügte poetische übertragung von
Accio Zuccho. Die 1485 zu Neapel erschienene ausgabe des
anonymus: Aesopi vita et fabulae von Tuppo soll eine prosaüber-
setzung des ganzen Romulus enthalten. Ueberhaupt scheint der
zusammenhang des anonymus und Romulus in Italien sich länger
erhalten zu haben, als anderswo, denn obwohl Ghivizzani den,
wie es scheint, völlig begründeten nachweis liefert, dass die er-
wähnten handschriften sämmtlich aus den distichen des anonymus entstanden seien, so enthalten doch die meisten derselben
einschiebungen oder nachträge, die unzweifelhaft aus Romulus,
d. h. aus dessen vom anonymus nicht bearbeitetem viertem
buche stammen.

Auch in Frankreich hat eine poetische übersetzung des
anonymus weite verbreitung gefunden. Robert zählt in den

fables inédites clxiv ff. vier handschriften derselben auf und
bringt die älteste im jahre 1333 geschriebene im verlaufe seines
werkes zum abdrucke. Sie führt den titel: Compilacio Ysopi
alata cum Avioneto cum quibusdam addicionibus et moralitatibus
(von Robert als Ysopet I. bezeichnet) und enthält neben dem
prolog und den 64 fabeln des anonymus die französische übersetzung derselben, so wie eine französische übersetzung von
18 fabeln des Avian.

Nicht aus dem anonymus, sondern unmittelbar aus Romulus ist dagegen die niederländische gereimte bearbeitung des
dreizehnten jahrhunderts geflossen, die J. A. Clignett in Bijdragen
tot de oude nederlandsche letterkunde, Gravenhage 1819, heraus-
gegeben hat. Die sammlung enthält 67 fabeln, unter denen 52
allerdings mit dem anonymus übereinstimmen, während Clignett
die übrigen fünfzehn bei Nilant gefunden haben will und deshalb
annimmt, der dichter des Esopet habe aus diesen beiden quellen
eine auswahl getroffen. Allein wie die folgende vergleichende
inhaltsübersicht beweist, ist seine einzige quelle der Romulus,
und zwar wieder in der folge, die den Stainhöwelschen text
characterisirt. Cap. 1—19 entspricht genau jenem texte 1,1—19
(= c. 1—12; 2, 8; 1, 13—18 des Burn.), dann folgt 20—23
gleich Rom. 6, 9—12; cap. 24—37 ist gleich Rom. Stainh. 1, 20
(Burn. 1, 19)—2, 13 (Burn. 2, 14). Cap. 28 und 39 sind
Stainh. 2, 15—16 (Burn. 16—17) c. 40=St. 2, 17 (B. 2, 18);
c. 41—42 = St. 2, 19—20 (B. 20—21). No. 43—49 entspricht, da cap. 45 nur das besonders gezählte promythium zu
Rom 3, 4 enthält, dessen fabel als c. 46 folgt, Rom. 3, 2—3, 7.
Cap. 50—52 ist Rom. 4, 6—8, no. 53—59 ist Rom. 3, 19—4, 5;
c. 60—63=Rom. 3, 8—11; c. 64—67 endlich ist Rom. 3,
15—3, 18. Eine so durchgängige übereinstimmung grösserer
und kleinerer gruppen von fabeln würde wenigstens für die dem
vierten buche des Romulus entnommenen stücke geradezu undenkbar sein, wenn dieselben aus dem von Nilant herausgegebenen völlig umgeordneten texte herstammten, abgesehen davon,
dass mehrere im Esopet vorkommende nummern in Nilant's
Romulus gar nicht enthalten sind. In bezug auf die den ersten
drei büchern des Romulus entlehnten stücke kann die anordnung
desselben natürlich nicht als beweismaterial für die unmittelbare
quelle verwerthet werden, da die beiden fassungen rücksichtlich
der folge im ganzen genau übereinstimmen; hier entscheidet der
vortrag der niederländischen fabeln, welcher von den zum über-
drusse abgehetzten antithesen des anonymus keine spur zeigt,

sondern sich der einfachen darstellungsweise des älteren Romulus eng anschliesst.

Eine bislang nur sehr mangelhaft erforschte gruppe von ausflüssen des Romulus wird durch das fabelwerk der Marie de France, der ältesten französischen dichterin, repräsentirt, von der als feststehend wesentlich nur bekannt ist, dass sie im dreizehnten jahrhundert lebte und in England dichtete. Diese gruppe zeichnet sich durch eine bedeutende reihe von erweiterungen hinsichtlich des bestandes an fabeln und erzählungen aus. Die sammlung Mariens enthält hundert und drei nummern, von denen etwa sechzig dem Romulus entnommen sind, während der rest aus einer andern quelle stammt. Marie hat indessen nicht unmittelbar aus dem werke des Romulus geschöpft, sondern sie erklärt nach einer übersetzung desselben in englischer sprache gearbeitet zu haben, welche (den meisten handschriften zufolge) auf geheiss des königs Affrus angefertigt sei. Dieser name, der in den handschriften auch Alurez und Alvrez geschrieben wird, neben formen wie Amez, Auvert, Auvre, Mires und selbst Henry, kann nur den könig Alfred bezeichnen; aber wie in keiner andern quelle dieser vielseitig thätige fürst als übersetzer des Aesop oder Romulus genannt wird, und wie von einer übersetzung in angelsächsischer sprache überhaupt nirgends die geringste spur vorhanden ist, so erscheint es auch völlig undenkbar, dass Marie, die ausländerin, der längst ausgestorbenen sprache Alfreds mächtig gewesen wäre. Freilich sind die handschriften der fabeln Mariens nicht die einzigen quellen dafür, dass der angelsächsische könig unser werk habe übersetzt oder übersetzen lassen; aber auch die noch ferner zu erwähnenden zeugnisse müssen auf denselben ursprung zurückgeführt werden wie das der französischen dichterin, und besitzen daher keine grössere beweiskraft.

Sei dem nun vorläufig, wie ihm wolle, möge Marie nach einer angelsächsischen oder englischen übertragung des Romulus ihre fabeln gedichtet haben oder nicht: fest steht, dass sie nach einer freilich bedeutend erweiterten fassung desselben gearbeitet hat, und dass diese erweiterung weit genug verbreitet war, um auch ausserhalb Englands ähnliche dichtungen hervorzurufen, wie die Mariens. Eine solche ist der Esopus in niederdeutschen versen, welcher von einem dechanten Gerard von Minden im jahre 1370, wenn nicht gedichtet, doch veranlasst, in einer dem 15. jahrhundert angehörenden handschrift der Magdeburger stadtbibliothek erhalten und in Fr. Wiggerts: zweites scherflein

zur förderung der kenntnis älterer deutscher mundarten und
schriften, Magdeburg 1836, s. 28 bis 70, eingehend beschrieben
und theilweise ausgezogen ist. Schon die einleitung beider werke
zeigt, dass sie nach einer gemeinschaftlichen vorlage gedichtet
sind: Während Marie schreibt:

> Romuhfs qui fu emperère,
> A sun fill escrit è manda,
> E par essample li mustra,
> Cum il se puist cuntreguetier,
> K'hum ne le peust engingnier.
>
> Jzopes escrit à sun mestre
> Ki bien quenust lui è sun estre,
> Unes fables k'il ot truvées
> De griu en laitin translatees,

und fügt in der conclusion hinzu:

> Pur amur le cumte Willaume,
> Le plus vaillant de cest royaume,
> M'entremis de cest livre feire
> E de l'angleiz en roman treire.
> Ysopet apeluns ce livre
> Qu'il traveilla et fist escrire;
> De griu en latin le turna.
> Li rois Alvrez (o. ä.) qui moult l'ama
> Le translata puis en engleiz
> E jeo l'ai rimé en franceiz.

Dem entsprechend erklärt der niederdeutsche Dichter:

> De koning de van erst Rome stichte,
> het bringen erst al dit gedichte
> van krekeschen in dat latin,
> to lerende de kinder sin.
> De koning Affrus van Engelant,
> do he de kunst daran bevant,
> heit he id bringen altobant,
> dat id al den sinen wart bekant.

Die gemeinsamkeit der vorlage wird aber durch den eigentlichen text durchaus bestätigt. Das werk Gerards von Minden
enthält gleichfalls 103 fabeln, die freilich in der anordnung vielfach abweichen, aber auch eben so häufig, selbst lange reihen
hindurch, einander entsprechen, und, was das wichtigste ist,
auch durch ihren inhalt unsere behauptung stützen, indem die
sämmtlichen nicht aus Romulus stammenden nummern die voll-
ständigste übereinstimmung zeigen, wodurch bei der eigen-

thümlichkeit dieser stücke die annahme einer oder mehrerer ausserhalb unseres kreises gelegenen quellen völlig ausgeschlossen erscheint.

Ein zweites fabelwerk in niederdeutscher sprache zeigt genau dasselbe verhältnis; der niederdeutsche Aesop der Wolfenbütteler bibliothek (nov. 246; XV. jahrh.), aus welchem Hoffmann v. Fallersleben zuerst in Pfeiffer's Germania 13,469, dann in einem besonderen Hefte: Niederdeutscher Aesopus, Berlin 1870, eine grössere auswahl von stücken mitgetheilt hat, beruht auf derselben quelle, wie die beiden vorerwähnten werke. Die handschrift enthält noch jetzt 125 capitel, hat aber, durch die beseitigung von mindestens drei lagen am schlusse, möglicherweise eine bedeutende anzahl von fabeln eingebüsst, obwohl die verloren gegangenen blätter eben so wohl leer geblieben oder anderweitig benutzt sein können. Wie der folgende prolog zeigt, sind die noch von Gerard von Minden conservirten einzelnheiten über die verbreitung der fabeln Aesops hier verwischt, aber die entstehung desselben aus der zuschrift des Romulus an seinen sohn ist unverkennbar.

> Esopus eyn wys greke was
> Ind wonde zo athenas
> Van synne witten hey was kloch
> Des screff sey mannich kunstich boch
> Byspele hey zon besten screyff
> Die velen luden noch sin leyff
> We dere böme sunne vnd maen
> Sprochen hant vnd vil gedaen
> Dass en doch nyt egen en is
> Dat gedichte hat doch lere wijs
> Wat dat der fabel nit wair en sy
> Doch ist dar schoine lere by
> Die gude sproche geuen kan
> Meister esopus dus heuet an.

Wenn es nun unwahrscheinlich ist, dass Marie eine angelsächsische übersetzung des Romulus bearbeitet hat, obwohl ihre angabe, nach einer sonst freilich durchaus unbekannten englischen vorlage gedichtet zu haben, dadurch gestützt wird, dass ihre fabeln mehrfach englische ausdrücke aufweisen (vgl. Roqueforts ausgabe 2, s. 26), so ist es noch weit unwahrscheinlicher, dass zwei niederdeutsche dichter späterer jahrhunderte auch nur die englische übertragung gekannt und nach ihr gearbeitet haben sollten, während der zusammenhang der drei werke sich

völlig ungezwungen erklärte, sobald sich eine fassung in l a t e i -
n i s c h e r sprache nachweisen liesse, welche die characteristischen
stücke jener gruppe enthielte. Es war daher sehr wichtig, dass
Robert in den beiden dem vierzehnten jahrhundert angehörenden
handschriften 347 B und C der Pariser bibliothek einen text fand
und in seinen fables inédites (II, 547—562) veröffentlichte,
welcher zwar nur zweiundzwanzig nummern enthielt, unter
ihnen aber doch eine ganze reihe der von Marie und, sagen wir
gleich, auch von den niederdeutschen dichtern bearbeiteten, n i c h t
aus dem ursprünglichen Romulus stammenden fabeln. Dass in
dieser lateinischen fassung die ausdrücke reinardus und ysen-
grimus vorkommen, welche Marie noch nicht kannte, darf nicht
überraschen, da dieselben erst von späteren abschreibern ver-
wendet sein werden, während sie in der unmittelbaren vorlage
Mariens noch nicht vorkamen. Bekanntlich sind diese bezeich-
nungen erst seit dem anfange des dreizehnten jahrhunderts all-
gemeiner bekannt geworden, Marie aber hatte aller wahrscheinlichkeit nach eine ältere handschrift vor sich.

Der Romulus Roberti enthält folgende stücke:

1. Affenkönig	Rom.	4,	8.	Mar.	66.
2. Trauben sauer	,,	4,	1.		
3. Eselstimme	,,	4,	10.	,,	67.
4. Fussspuren	,,	4,	12.		
5. Ochs im thale	,,	app.	19.	,,	94.
6. Katze und fuchs	,,	app.	20.	,,	98.
7. Käfer und adler	,,	app.	21.	,,	65.
8. Arzt und reicher	,,	app.	22.	,,	38.
9. Bauersfrau und liebhaber	,,	app.	23.	,,	41.
10. Vogelkönig, kuckuck	,,	app.	24.	,,	22.
11. Pferd verkaufen	,,	app.	25.	,,	71.
12. Habicht und uhu	,,	app.	26.	,,	80.
13. Adler und habicht	,,	app.	27.	,,	81.
14. Wolfspönitenz	,,	app.	28.	,,	73.
15. Hanfsamen	,,	1,	19.	,,	18.
16. Fliege und biene	vgl. ,,	2,	17.	,,	86.
17. Rabe und fuchs	,,	1,	14.	,,	14.
18. Bauer mistet	,,	app.	29.	,,	85.
19. Hase und hirsch	,,	app.	30.	,,	97.
20. Wolf und käfer	,,	app.	31.	,,	56.
21. Wolfsfell	,,	app.	32.	,,	59.
22. Löwe, athem	,,	3,	20.	,,	37.

Diese entdeckung Robert's, so lückenhaft sie auch noch war, brachte doch die vermuthung der gewissheit nahe, dass Marie nicht nach verschiedenen quellen, sondern nach einem wenn auch wesentlich erweiterten Romulus gearbeitet habe. Indessen der Romulus Robert's war nur ein bruchstück, dem eine entscheidende stimme nicht beigelegt werden konnte. Erst meinen nachforschungen ist es gelungen, einen vollständigen repräsentanten der vorlage Mariens, und damit auch der beiden niederdeutschen dichter, aufzufinden, welcher die frage zu einem definitiven abschlusse bringt. Der Göttinger cod. theol. 140 fol. (XV. jahrh.) enthält von blatt 36 ab die fabeln Aesops und Avians, von denen die erstere sammlung unzweifelhaft die vorlage der in rede stehenden gruppe vertritt. Der text beginnt mit folgender einleitung: Grecia disciplinarum mater et arcium inter ceteros quos mundi contulit sapientes unum edidit memoria(e) dignum Esopion nomine. Erat enim ingenio(sus) clarus studio sedulus· et placidus facundia. Qui inter cetera que scripsit utilia fabularum exempla utilitatibus plena eciam litteris commisit et in unum redegit opusculum. In quo et parvuli diligentes instruantur et iocundi reddantur adulti. Liber igitur iste primo grece conscriptus est ab esopo, post hoc a romulo imperatore romano ad instruendum filium suum tyberium in latinum venit. Deinde rex anglie affrus in anglicam linguam eum transferri precepit. Esopus itaque de fabulis agens res inanimatas introducit loquentes videlicet et bestias et volucres et fabulose quidem eas scripsit, sed de singulis moraliter concludit. Die übereinstimmung dieses prologs mit den entsprechenden stücken Mariens und Gerards ist schlagend; noch auffallender aber ist, beiläufig bemerkt, die fast wörtliche, ja nahezu buchstäbliche übereinstimmung desselben mit dem prologe des s. g. Esopus moralisatus (ich habe die ausgabe von 1490 vor mir), der distichen des anonymus mit prosaischer glosse; sie zeigt aufs neue, wie der zusammenhang zwischen dem Romulus und seinen ausflüssen sich noch jahrhunderte lang nach ihrer entstehung erhalten hat. Eben so schlagend ist die übereinstimmung unseres codex mit den übrigen gliedern der gruppe, wie die folgende zusammenstellung erweisen mag:

1. Hahn und perle	Rom. 1.	Marie 1.	Gerh. 1.	Wolf. 1.
2. Lamm und wolf	„ 2.	„ 2.	„ 2.	„ 2.
3. Maus und frosch	„ 3.	„ 3.	„ 3.	„ 3.
4. Hund und schaf	„ 4.	„ 4.	„ 4.	„ 4.
5. Hund und schatten	„ 5.	„ 5.	„ 5.	„ 5.

(Die vergleichung der fabeln Gerhards ist nicht völlig erschöpfend und zuverlässig, weil dieselben zum grössten theile nur den überschriften nach bekannt sind, diese aber den inhalt mehrfach nicht erkennen lassen.) Am schlusse von cap. 110 (nach der von c. 81 ab unrichtig fortgeführten zählung des originals 111) sagt die handschrift: Hec esopus; quod sequitur addidit rex Affrus. Diese notiz ist indessen völlig unzuverlässig, da sowohl im ersten theile fremde, wie im zweiten dem ursprünglichen Romulus zugehörige stücke vorkommen. Von den fabeln der Marie de France fehlen in unserm codex nur cap. 22. welches aber im Romulus Roberti enthalten ist (no. 10; app. 24), und cap. 91 weicht sehr bedeutend von unserm cap. 66 ab, hat aber noch genug verwandtes, um auf eine gemeinschaftliche quelle schliessen zu lassen, wie beide denn auch der reihenfolge nach übereinstimmen.

Ausser dem Göttinger codex ist noch auf das ms. reg. 15 A VII des Britischen museums·aufmerksam zu machen, welches von seinen Aesopischen fabeln ebenfalls erklärt, dass sie aus dem englischen übersetzt seien; es enthält freilich nur 56 capitel und ist daher in beziehung auf den inhalt nicht so wichtig wie das unsrige, dagegen aber stammt es schon aus dem anfange des dreizehnten jahrhunderts.

Nach diesen darlegungen scheint es unzweifelhaft zu sein, dass wenigstens die niederdeutschen dichter aus einer lateinischen vorlage geschöpft haben, die unserm codex ausserordentlich nahe stand; ob auch Marie, wage ich nicht zu entscheiden. Das vorkommen englischer ausdrücke in ihren fabeln scheint dafür zu sprechen, dass sie wirklich eine bearbeitung in englischer sprache vor sich gehabt habe; da aber in dem lateinischen texte ähnliche formen auftreten, so ist es leicht möglich, dass, wenn wirklich jemals eine angelsächsische oder englische fassung vorhanden gewesen sein sollte, dieselbe schon zu Mariens zeiten auch in England verschollen war und nur in lateinischer rückübersetzung sich erhalten hatte. Diese würde dann auch der französischen dichterin vorgelegen haben. Wäre das der fall, so könnte man dem zeugnisse jener rückübersetzung und ihrer ausflüsse volles vertrauen schenken, dass Alfred die verschollene

3*

englische bearbeitung veranlasst habe, obwohl der mangel jeder
anderen andeutung darüber immer auffallend bleibt. Das ist in grossen zügen die entwickelung des Romulus im
mittelalter. Sie bildet zugleich die grundlage für die geschichte
der fabel im mittelalter überhaupt, da geradezu sämmtliche
fabeldichter dieses zeitraumes auf dem boden unseres werkes
gearbeitet haben, sie mögen heissen wie sie wollen, Odo oder
Neckam, Boner oder Stricker. Aber wie bereits erwähnt, reicht
der einfluss des Romulus noch weit über die zeit des mittelalters
hinaus, jedoch nur zum kleineren theile durch die. im vorstehenden betrachteten mittelglieder, zum grösseren theile vielmehr durch den ursprünglichen Romulus selbst, und zwar durch
die in Stainhöwels Aesop veröffentlichte fassung, welche der
anfangspunkt einer unendlich weiten und nachhaltigen verbreitung in Deutschland, Frankreich, Italien, Spanien, Portugal, England, Holland u. s. w. wurde. Auf die ausgaben und über-
setzungen dieses wichtigen werkes braucht hier nicht einge-
gangen zu werden, sie finden sich in den bibliographischen
wörterbüchern verzeichnet, eben so wenig will ich die mannig-
faltigen bearbeitungen der späteren fabeldichter, die alle, bis
zur gegenwart herab, aus Romulus geschöpft haben, hier nicht
betrachten; es würden sich sonst diese einleitenden darlegungen
zu einer geschichte der fabel erweitern.

Von der entwicklung des Romulus und seiner ausflüsse,
von welcher im vorstehenden ein gedrängter abriss gegeben ist,
will die folgende textausgabe ein klares und vollständiges spiegel-
bild geben. Der erste theil, cap. 1 bis 83, enthält den eigentlichen Romulus, während der appendix alles bietet, was die
späteren handschriften und bearbeitungen desselben neues ge-
liefert haben, abgesehen von den durchaus zufälligen anhängseln
des anonymus, also die extravaganten des Wisseburgensis, der
Nilant'schen fabulae antiquae (sein Romulus enthält nichts neues)
und der Stainhöwel'schen fassung, ferner die des Romulus
Roberti und des codex Gottingensis. Ueber die behandlung der
wegen ihres zusammenhanges mit Phädrus wichtigen handschriften habe ich mich schon anfangs ausgesprochen; in beziehung auf die späteren, nur literärgeschichtlich bedeutenden
erweiterungen habe ich nicht mehr zu sagen, als dass ich sie,
namentlich das in dem Göttinger codex enthaltene, wörtlich genau
wiedergebe, obgleich ich mir vollständig klar darüber bin, wie
mangelhaft und zum theile sogar entstellt dieselben in fassung
und sprache erscheinen. Die latinität des mittelalters ist einmal

schlecht, und zu einer kritischen behandlung des textes fehlt jedes hülfsmittel. In beziehung auf die nachweise über ursprung und verbreitung sämmtlicher stücke habe ich mich auf das nächstliegende beschränkt, im übrigen aber auf die werke verwiesen, in welchen die betreffenden parallelen zusammengestellt sind, so auf Robert's fables inédites, und meine ausgaben von Pauli's schimpf und ernst, Kirchhof's Wendunmuth und den demnächst erscheinenden Gesta Romanorum.

NACHTRAG.

Durch die güte des herrn Dr. E. GROSSE in Königsberg, welcher, wie mir erst während des druckes meiner arbeit bekannt geworden ist, sich seit längerer zeit mit umfassenden vorarbeiten zu einem ähnlichen werke beschäftigt hat, bin ich auf eine im jahre 1495 von dem bekannten Petrus Crinitus in Florenz angefertigte, mir unbekannt gebliebene abschrift des Romulus aufmerksam gemacht. Dieselbe ist in dem Münchener cod. lat. 756 enthalten und stimmt — die durchgängig umgeschriebenen überschriften ausgenommen — in allen theilen so vollständig mit dem Burneianus und Divionensis überein, dass sie nur eine äusserst mässige ausbeute an varianten darbietet, welche ausserdem zum grösten theile dem gelehrten abschreiber zuzurechnen sein werden.

Wenn diese abschrift demnach für die feststellung des textes auch keinerlei bedeutung hat, so ist sie doch in so fern nicht unwichtig, als sie ein neues zeugnis darüber ablegt, wie die ursprüngliche fassung unseres werkes neben den mannigfachsten und tiefgreifendsten ausgestaltungen sich jahrhunderte lang völlig unverändert erhalten hat.

Romulus tyberino filio · De ciuitate attica æsopus quidam
homo gręcus et ingeniosus famulos suos docet quid homines
obseruare debeant · Verum ut uitam hominum et mores osten-
5 deret inducit aues · arbores · et bestias et pecora loquentes probanda cuiuslibet fabula · ut nouerint homines fabularum cur
sit inuentum genus · aperte et breuiter narrauit. Apposuit uera
malis · composuit integra bonis · Scripsit calumpnias malorum ·
argumenta improborum · docens infirmos esse humiles · uerba
10 blanda potius cauere · et cetera multa et miserias his exemplis
scriptis · Id ego romulus transtuli de gręco in latinum · Si autem
leges tyberine fili · et pleno animo aduertas · inuenies adposita
loca quę tibi multiplicent risum et acuant satis ingenium.

1. AESOPUS PRIMAM DE SE DIXIT FABVLAM.

15   In sterquilinio quidam gallinacius dum quęrit æscam ·
inuenit margaritam in indigno loco iacentem · Quam ut uidit · sic

---

1. LIBER — INCIPIT] LIBER PRIMUS FABULARVM AESOPI INCIPIT
B. INCIPIT LIBER YSOPI MAGISTRO RUFO AESOPUS SALUTEM C.
2—13. Romulus—ingenium] fehlt; statt dessen folgt IV, 23 als praefatio C. — 1. filio] Filio S. B.
5. probanda] fehlt A.
6. fabularum] fehlt A. B.
10. blanda] blandia A.
11. scriptis] scriptas B.
I, 1] V, 7. C. Phaedrus, 3, 12. Kirchhof, 7, 3. Dieser fabel geht als
selbstständiges stück, V, 6, folgende einleitung voraus; DE LEGENTIBUS
AESOPI. Accipe paruo his uerbis et quas abieci aduerte exquisiui multa
tibi adferri fabulas ut potui abieci super nouas ut major corpus fieret induxi
non loquentes huma posse loqui bestias comparati oneesse tibi. Cum hec tibi
scripsi lege currat solutus animus ut a te diu uocetur spiritus interest
enim risus tibi sed ne talis apud te uidearis qualis et de gallo fabulam. C.
14. AESOPUS—FABVLAM.] DE CAPPONE ET GEMMA C.
15. In—aescam] Pullus gallinatius cum quereret escas C.
16. iouenit] reperit C. — iacentem] steht vor in indigno C. — Quam ut
uidit] et cum doleret C.

ait · Bona res · in stercóre iaces · Te si cupidus inuenisset · quo
gaudio rapuisset · ut redires ad splendorem pristinum decoris
tui · Ego te inueni in hoc loco iacentem · potius mihi ęscam
quęro · Nec tibi ego prosum nec tu mihi · Hęc illis aesopus
narrat · qui non intelligunt. 5

2. AESOPVS DE INNOCENTE ET REPROBO TALEM RETVLIT FABVLAM.

Agnus et lupus sitientes ad riuum e diuerso uenerunt · Sursum bibebat lupus · longeque inferius agnus · Lupus ut agnum
uidit · sic ait · Turbasti mihi aquam bibenti? Agnus patiens 10
dixit · Quomodo aquam turbaui tibi que a te ad me decurrit?
Lupus non erubuit ueritati · Maledicis mihi inquit? Agnus ait ·
Non maledixi · Lupus dixit · Ergo pater tuus fuit ante sex menses · et ita fecit mihi · Numquid ego natus fui? Sic lupus improba
fauce dixit · Et adhuc loqueris latro? Et statim se in eum iniecit 15
· et innocenti uitam eripuit · Hec in illos dicta est fabula qui
hominibus calumniantur.

3. QVI DE SALVTE ALTERIVS ADVERSA COGITAT NON EFFVGIT POENAM · DE HOC TALEM AVDITE FABVLAM.

Mus cum transire uellet flumen · a rana petiit auxilium · 20

---

1. ait] ait fertur C. — Bona—stercore] quare in sterquilinio C.
2. rapuisset] te rapuisset B. — quo—ut] fehlt C — splendorem]
splendorem tuum C. — decoris] et decores uultus C.
3. Ego] ego qui C. — iacentem] fehlt C. — mihi] fehlt C.
4. Nec—prosum] quam te. Nec ego sum tibi prode (aus prodes corr.)
C. — mihi] mihi necessaria C. — illis] tibi C.
5. qui] qui me. C. — intelligunt] intellegunt B. intellegis C.
1, 2] 1, 1 C. Phaedrus, 1, 1. Kirchhof, 1, 57.
6—7. AESOPVS—FABVLAM.] fehlt C.
9. inferius] inferior C, corigirt zu inferius.
11. decurrit] currit C.
12. ueritati] ueritati . . . C, das ausradirte corrigirt zu mendacium
praeferre. — Maledicis] Et maledicis C.
13. maledixi uerum dicens. De aqua loquimur C. — Lupus] Et lupus
C. — Ergo] Et C. — tuus fuit] inquid tuus C.
14. et—mihi] maledixit mihi C, corrigirt zu pari modo fecerat. —
Numquid—lupus] agnus ait. Ego natus non eram. Et lupus C.
15. dixit) ait C. — iniecit] direxit C.
16. eripuit] corrigirt tulit C.
17. hominibus—calumniantur] calumniis laedunt innocentes C.
18. ADVERSA] fehlt ursprünglich C; zugefügt.
19. EFFUGIT] EFFUGIET C. — DE HOC—FABULAM] fehlt C.
20. a rana] rauam C, corrigirt. — petiit] petiuit C.

Illa grossum petiit linum · murem sibi ad pedem ligauit · et natare
coepit · In medio uero flumine rana se in deorsum mersit · ut
miserrimo uitam eriperet · Ille ualidus dum teneret uires · miluus
e contra uolans murem cum unguibus rapuit · simul et ranam
5 pendentem sustulit · Sic enim et illis contingit · qui de salute
alterius aduersa cogitant.

4. DE CALVMPNIOSIS HOMINIBVS TALIS DICITVR FABVLA
QUOD SEMPER CALVMPNIOSI IN BONIS COGITANT MEN-
DACIVM · ET SECVM FAUENTES ADDVCVNT · NAM ET
10   FALSOS TESTES EMVNT · DE HIS ERGO HAEC
PROPONITVR FABVLA.

Canis calumpniosus dixit deberi sibi ab oue panem quem
dederat mutuum · Contendebat autem ouis · numquam se
ab illo panem accepisse · Cum ante iudices uenissent · canis
15 se dixit habere testes · Introductus lupus ait · Scio panem
commendatum oui · Introductus miluus · coram me inquit accepit · Accipiter cum introisset inquit · quare negasti quod accepisti? Victa ouis a tribus testibus falsis · iudicatur artius reddi ·

---

1. Illa] Illa rana C. — petiit linum] linum sumens C. — natare] natare
per fluuium C.
2. uero] autem C. — in] ausradirt C.
3. ualidus] ualides B.
3—6. Ille—cogitant] Miluus ut murem uidit hunc unguibus rapuit et
secum murem et ranam sustulit. Sic ergo cum aliquis periculum operatur
scipsum perdit C.
1, 4] I, 2 C. Phaedr. 1, 17. Anon. 4. Nilant fab. 5. Rom. Nil. 4. Wright
1, 4. Marie 4. Vadermec. 3, 92. Boner. 7. Dorp. 13, 8. Waldis 1, 48. Barth.
3, 11. Luther 4. Neckam 15. Bromyard P, 2, 3. Esopus 4.
7—11. TALIS—FABULA] Saepe homines ad calumniam cogitant
sibi mendacia. Nam et falsos testis ement aut aliquos fauentes adducunt.
quibus similis haec fabula. C, schon zum text gezogen.
12. deberi—sibi] debere (corr. zu deberi) ab oue sibi C. — quem]
antea C.
13. mutuum] mutuo C, corr. zu mutuum. — autem] pro se C. — nunquam se] quod numquam C.
14. panem accepisse] accepisset C, — venissent] uenirent C.
14—15. canis—testes] habere se testis C, corr. zu: canis dixit se
habere testes. — ait] dixit C.
15—16. Scio—oui] panes se (corr. sibi) commodatos (corr. —tas) me
inquit presente accepit. —Introductus miluus] Miluus introductus sic ait C.
16—17. inquit accepit] accepit restituendum C. — cum—inquit] dixit
C. — quare·quod] jurate reddere quae (corr. quod) C.
18. tribus testibus] testis C, corr. testibus. — artius reddi] statim
reddere C.

Coacta uero ante tempus lanas suas uendidisse dicitur ut quod non accepit redderet · Sic calumpniosi faciunt mala · innocentibus et miseris.

5. AMITTIT PROPRIVM QVISQVIS AVIDVS ALIENVM APPE-
TIT · DE TALIBVS SIC NARRAT.   5

Canis flumen transiens · partem carnis ore tenebat · Cuius umbram cum uidisset in aqua · pate fecit os suum ut aliam caperet · Statim eam quam prius tenebat fluuius tulit · et illam quam sub aqua putabat · obtinere non potuit · Sic quisquis alienum querit · dum plus uult · suum perdit.   10

6. DICITVR NVMQVAM ESSE FIDELIS CVM POTENTE
DIVISIO VIDEAMVS QVID HAEC FABVLA NARRAT.

Vacca et capella et ouis · socii fuerunt cum leone simul · Qui cum in salto uenirent ut caperent ceruum · factis partibus leo sic ait · Ego primus tollo · ut leo · Secunda pars mea est · eo 15 quod sim fortior uobis · Tertiam uero mihi defendo · quia plus uobis cucurri · Quartam autem qui tetigerit · inimicum me habebit ·

---

1. Coacta vero] quae cum lacrimis C. — suas] suas coactas C.
1—3. uendidisse—miseris] uendidit et calumniatoribus reddidit quod non accepit . haec in calumniosos reddidit (corr. redit) fabula C.
I, 5] I, 6 C. Phaedr. 1, 4. Pauli, 426. Kirchhof, 2. 35.
4—5. QVISQVIS—NARRAT.] QUI ALIENUM PETIT. C.
6. flumen transiens] cum flumen transit C, corr. transiret. — carnis] aliquam C, corrigirt. — ore] in ore C. — tenebat] ferebat C.
7. umbram cum uidisset] canis umbra ut uidit C. — suum] fehlt C. — aliam] illam B C.
7—8. caperet] teneret C.
8—10. Statim—perdit.] Illa uero quam portabat fluuius sustulit: nec illam obtinere potuit et alteram quam portabat perdidit. Sic omnes auidi sua amittunt et (corr. dum) aliena obtinere non possunt C.
9. putabat] esse putabat B.
I, 6] I, 7 C. Phaedrus, 1, 5. Kirchhof, 7, 23.
11. DICITVR—ESSE] NUMQUAM EST C.
12. DIVISIO] SOCIETAS. C, beigeschrieben: vel divisio.
13. socii fuerunt] fuerunt socii C. — fueruut] fuere B. .
14. salto] saltu B. — ut] et B.
13—14. simul—ut] in saltibus. Hi cum C.
15. Secunda] Et secunda C.
15—16. eo—uobis] fehlt C, eingeschoben: quia fortior uobis sum.
17. uobis cucurri] auf rasur nachgetragen C. — autem qui] qui uestrum C. — tetigerit] auf rasur C. — me habebit] auf rasur C.

Sic totam prędam illam solus improbitate sustulit · Cunctos
monet hec fabula · non sociari potentibus.

7. A NATVRA NEMO MVTATVR · SED DE MALO PEIOR NASCÍTVR · DE QVO SIC TESTATUR FABVLA.

5   Uicini qui erant fures · frequentabant nuptias · Sapiens cum
interuenisset · uicinos gratulari ut uidit · continuo narrare coepit
· Audite inquit gaudia uestra · Sol uxorem uoluit ducere · omnis
natio interdixit · et magno clamore ioui conuitiis non tacuerunt·
Iuppiter comotus ab illis causas inuirię quęrit · Tunc unus ex
10 illis ait ioui · Modo sol unus est · et ęstu suo omnia turbat ut
deficiat simul omnis natura · quidnam erit nobis futurum · cum
sol creauerit filios? Admonet hęc locutio malis hominibus non
gratulari.

8. QVICUNQVE MALO VULT BENE FACERE SATIS PECCAT ·
15   DE QVO SIMILEM AVDI FABVLAM.

Ossa lupus cum devoraret · unum ex illis hesit ei in faucibus · transuersum grauiter · Inuitauit lupus magno pretio · qui
eum extraheret malum · Rogabatur gruis collo longo · ut prę-

1. illam] fehlt C. — improbitate sustulit] improbus abstulit C.
1—2. Cunctos—potentibus] fehlt C.
I, 7] I, 8 C. Phaedr. 1, 6. Pauli 498.
3. A—SED] von zweiter hand nachgetragen C.
5. fures] illi C, corr. furi. — frequentabant] frequentare C, corr.
5—6. Sapiens cum interuenisset] Aesopus interueniens C. — ut uidit)
aspexit. Qui C; corr. et.
7—8. Audite—interdixit.] uxorem sol cum vellet ducere C.
8. et magno] magno, et ausradirt C. — tacuerunt] tacuere B.
9. ab illis] illis C, ex beigefügt. — causas] causam C.
10. ioui] fehlt C. — Modo sol] Modo inquid C. — est] est sol C. —
omnia turbat] turbat omnia C.
10—11. ut—natura] uerum cogit omnia petere C, corr. perdere.
11. erit nobis] nobis erit B. — nobis futurum] futurum nobis C.
12. filios] C. hatte ursprünglich filium nebst drei ausradirten wörtern,
wie siue etiam plures.
12—13. Admonet—gratulari.] Sic aesopus ;fabulam narrat ne mali
sint plures C.
I, 8] I, 9 C. Phaedr. 1, 8, Kirchhof 7, 42.
14. QVICVNQVE—FACERE] QUI BENE FACERE UOLUERIT
MALIS C.
15. similem] jamjam B. de quo—fabvlam] fehlt C.
16. devoraret] urspr. deuoras C. — unum] urspr. unus C. — hesit ei]
adhesit C.
17. transuersum] urspr. ei trauersus C. — Inuitauit lupus] Inuitat C.
17—18. qui eum] lupus qui C.
18. Rogabatur] fehlt C. — gruis] grus C. aus gruis corrigirt. — collo]
rogatus collo C.

staret lupo medicinam · Id egisset ut mitteret caput et extraheret
malum de faucibus · Sanus cum esset lupus · rogabat gruis petitores reddi sibi promissa premia · et lupus · dicitur dixisse · In-
grata est illa gruis quę caput incolume extulit · non uexatum
dente nostro et mercedem sibi postulat · O in iniuriam meis 5
uirtutibus · Parabola hęc illos monet · qui uolunt bene facere
malis.

9. BLANDA VERBA HOMINIS MALI GRAUES FACIVNT INIVRIAS · QVAS VT OMNES VITEMVS SUBIECTI VERSVS MONENT.

Canis parturiens rogabat alteram ut in eius cubile exponeret 10
foetum · At illa roganti concessit ingressum · Cum uero exponeret
partum · deinde iterum rogabat ut cum catulis suis iam firmis
exiret · illa roganti non concessit · Paulo post tempore illa coepit
cubile suum repetere · et cogere illam migrare · et illa a stomacho
ait · Quid te turbes cum iniuria? Si mihi et turbę occurris [2] 15
aut si es fortior nobis reddam locum tibi . Aliquando boni sic
amittunt sua qui credunt aliis per blanda uerba.

1. Id egisset] Ita fecit grus C.
2. malum de faucibus] de faucibus malum C. — esset] fuisset C. —
rogabat] postulabat C. auf rasur. — gruis] grus C, aus gruis corrigirt.
2—3. petitores—premia] sibi promissa (praemia eingefügt) reddi C.
3. et—dixisse] Tunc lupus dicit C.
4. est illa] es C. — gruis] grus C, aus gruis corrigirt. — incolume]
aus in collo meo corr. C. — extulit] extulisti C. — uexatum] aus uexato
corrigirt C.
5. mercedem postulat] nunc mercedem postulasti C.
5—7. O—malis] Haec ita patiuntur qui malos (aus malis corrigirt)
liberant C.
1, 9] 1, 10. C. Phaedr. 1, 19. Kirchhof 7 42.
8. BLANDA] DE LINGUA SUBDOLI (aus DE LINGUO SUDOLIS
corr.). Blanda etc. schon text C. — graves faciunt] faciunt (uel) graues C. —
iniurias] aus inuidias corr. C.
9. subiecti-monent] subř monet C.
10—17. Canis—uerba] Canis parturiens ad alteram dicebat ut fetum
suum illa doleret. Illa canis facile consensit et locum roganti dedit et ex-
posuit. Deinde rogare coepit tempus ut catulos molles non moueret. Illa
canis et hoc consensit ut catulos fortes moueret. Consumpto quidem tempore (coepit beigefügt) cubile suum repetere. Illa in stomacho talis ait.
Sine paulisper ut non dares cum uelis acriter domina. Illa uero dixisse
fertur. Si mihi et turbe mee occurris Ita faciam ut locum dimittam Sic
beniuoli amittunt propria (qui per blanda uerba aliis credunt. Von zweiter
hand angefügt) C.

10. QVI FERT MALO AVXILIVM SCIAT QVIA SATIS PECCAT · ET CVM ILLI BENEFECERIT · SCIAT SE NOCERI AB ILLO · IDEO IIANC AVDIAMVS FABVLAM.

Frigore et gelu rigente · quidam pietatis causa colubrum ad
5 se sustulit et sub latera sua habuit · et eum toto hieme fouit ·
Refectus usque ad tempus coepit esse iniuriosus et ueneno multo
foedare · ne cum gratia exiret iniuriosus pelli noluit · Hanc sciant
multi fabulam qui uoluntate sua aliquos ingratos fouent · qui
cum exire uolunt nocent.

10   11· DE MALE RIDENTIBVS SAPIENS TALEM SVBIECIT
FABVLAM.

Aliquanti uero homines cum sibi faciunt risus · aliis quidem
faciunt contumeliam · sed sibi congerunt malum · ac ueluti asinus
occurrit apro · Salue inquit frater · Indignatus aper tacuit dissi-
15 mulans agitauitque caput · Absit a me tamen inquit · ne de uano
sanguine dentes meos coinquinem · Nam oportebat iniuriosum
uel laceratum relinquere · Monet hẹc fabula insipientibus parci
debere · stultos autem defendere' qui insultare audent
melioribus.

1, 10] IV, 2 C. Phaedr. 4, 19. Kirchhof, 7, 73.
1. QVI] NE AUXILIERIS MALO. qui C.
1—2. SCIAT—BENEFECIT] fehlt C.
3. IDEO—FABVLAM] haec testatur fabula C.
4. rigente] rigentem B.
5. et sub—hieme] et intra sinum suum per totam hiemem C.
6. Refectus] Refectusque B. — usque ad] ad B.
6—7. et—foedare] (ac—fedare) nachgetragen C.
7. ac—iniuriosus] et ex inde C.
8. multi] fehlt C. — sua] quidem sua B.
8—9. qui—uolunt] et cum exeunt C.
1, 11] I, 11 C. Phaedrus, 1, 29. Kirchhof, 7, 147.
10—11. SAPIENS—FABVLAM] fehlt C.
12. Aliquanti uero] A loquenti (uero ausradirt) C. — cum] dum C. —
risus] risum C. — aliis quidem] aliis C. aliis] alii AB.
13. malum] mala C. — ac ueluti] fehlt C.
14. apro] apro et dixit C.
14—19. tacuit—melioribus.] compressit iram et agitauit caput uoluit
illum (sua) uirtute scindere . et cogitans secum sic ait. Absit a me ut dentes
meos acutos in (uano) sanguine tuo coinquinem. Ideo insipientibus parci
debere (urspr. parcere debet.) (haec fabula monet von zweiter Hand angehängt.) C.

12. SECVRVM IN PAVPERTATE VIVERE MELIVS ESSE
QVAM DIVITEM TEDIO MACERARI · PER HANC BREVEM
AVCTORIS PROBATVR FABVLAM.

Mus urbanus iter agebat · sicque hospitio susceptus est ·
rogatur a mure agrario in qualicunque brevi casella glandem 5
et hordeum exhibuit · Ita factum est · Deinde mus urbanus rediens ⋮ murem agrarium rogabat uenire secum · Atque ita factum
est · ut simul uenirent · Ingrediuntur onestam domum · in qua
erat illis cellarium omnibus bonis plenum · Cum hęc mus muri
ostenderet · sic ait · Fruere mecum amice · quę nobis quotidie 10
superant · Cumque multis cibariis uterentur uenit cellerarius
festinans · et ostium cellarii impulit · Mures strepitu territi · fugam
per diversa petierunt · Mus urbanus notis cauernis cito se abscondit · At miser agrarius fugit per parietes ignarus · putans se
morti proximum · At ubi exiit cellerarius et domum clausit · sic 15
mus urbanus agrario dixit · Quid te turbasti fugiendo? Fruamur
amice istis bonis · nihil verearis · nec timeas · Ille agrarius e

---

I, 12] II, 1 C. Kirchhof, 1, 62.
1. SECVRVM] INCIPIT LIBER SECUNDUS AESOPI FABRI. DE
PAUPERTATE PRIMO. (Melius est eingeschoben) Securum C. — Melius
esse] fehlt C.
2—3. per hanc—fabulam] hoc (corr. aus per hanc) quidem approbat
breuis aesopi fabula C.
4. sicque] et sic C.
5. rogatur] rogatus B, et rogatur C. — in] ut in C.
6. exhibuit] exhiberet C. — Ita factum est] fehlt C.
6. rediens] precibus C.
7—8. rogabat—domum] ad urbem rogat. Qui uero uenerunt in urbem
et honestam subierunt domum C.
9. illis] fehlt C.
9—10. Cum—ait] et dixit C.
10. mecum] dixit C.
10—11. nobis quotidie] fehlt C.
12. et] fehlt C. — impulit] citius aperuit C. — Mures] Illi C. — stre-
pitu] stepidum C.
13. petierunt] loca ceperunt C. — cito] citius C.
14. agrarius] ille rusticus C.
14—15. per—proximum] ignarus (per parietes et uix aufugit ne auf
rasur) eum comprehenderet C.
15—16. exiit—dixit] cellerarius quod uolebat sustulit clausit hostium
cellarii et abiit. Sic deinde mus urbanus ita rustico blanditur dicens C.
17. amice] fehlt C. — nec] nihilque C.
17—9. sq. pag. Ille—casella] Ille autem mus rusticus necdum pauore de-
(pulso) gesserat ait muri illo urbano . fruere omuia (corr. omnibus) inquit tu
qui nec morte nec timore cotidiano uideris terreri . Ego uero ibo iu agro
frui glande et ordeo ut laetus nullo pauore territus C.

contra · Tu fruere inquit istis omnibus · qui nec times nec pauescis
· nec te turbatio quotidiana terret · Ego uero fruar bonis in agro
ubi quocunque · letus nullus me terret timor · nulla perturbatio
corporis · Nam tu uiuis solliciter? nulla tibi est satietas · At tenso
5 muscipulo teneris · aut captus a catto comederis . Hęc fabula illos
increpat qui se iungunt melioribus ut fruantur aliqua bona ·
quibus hoc fortuna non dedit · Diligant frugalem uitam homines ·
et securi erunt in sua casella.
13· QVI TVTVS ET MVNITVS EST · MALO CONSILIATORE
10 EVERTI POTEST · AUCTOR DE ILLA RE SIC AIT.

Aquila testudinem rapuit · et alto celo uolauit · Testudo se
intra se collegit · nec ullo pacto tangi potuit · Contra uolat cornix
· laudans uerbo · aquilam · Optimam inquit fers predam · Sed
his ostendo ingenium · Nam sine causa portas onus · nihil fac-
15 tura uiribus · Aquila illi partem promisit · Sic cornix consilium
dedit · Usque ad astra uolato · ubi sint deorsum loca petrosa ·
Tunc uolo dimittas ab alto predam · ut cornua fracta utamur
ęsca · Sic aquila fecisse dicitur · et quam natura munierat · iniquo
consilio periit.
20 14. QVI SE LAVDARI GAVDENT · VERBIS SVBDOLIS DE-
CEPTI PENITENT . DE QVIBVS SIMILIS EST FABVLA.

Cum de fenestra coruus caseum raperet · alta consedit in

---

4. solliciter] sollicitus B.
I, 13] II, 5 C. Phaedrus, 2, 6. Kirchhof, 7, 173.
9—10. QVI—AIT.] DE MALIS CONSILIATORIBUS. Contra potentem
nemo tutus si accedat consiliator malus. C.
11. rapuit et] sustulit C, vorher von zweiter hand: rapiens.
11. celo uolauit] uolauit caelo C.
11—12. Testudo—nec] fehlt C; von zweiter hand: et testudo intra se se
claudens. — potuit] corr. aus uoluit C.
12. Contra uolat] uenit uolans C.
13. laudans—aquilam] quę aquilam uerbis laudaret C.
13—15. Sed—uiribus] sed nisi monstrauero ingenium. nihil uiribus
eris factura. Portas onus sine causa. C.
15. Sic] Et sic C.
16. uolato] inquit uolato C. — ubi sint] uide C.
17. Tunc — alto] dimittas . Uolo ex alto C. — ut] fehlt C. — cornua
fracta] corr. zu cornibus fractis C.
17. utamur] auf rasur C. — Sic] ita C.
18. munierat] muniebat C. — periit] interiit C.
I, 14] II, 7 C. Phaedr. J, 13. Kirchhof 7, 30.
20. QVI] DE IIS QVI SE LAUDANT (corr. zu LAUDARE GAUDENT.
Qui C. — gaudent] GAUDET C. — verbis — fabula.] sit sollicitus (ad)
uerba subtilia ne postea peniteat C.
22. fenestra] fenestella C. — raperet] sibi raperet C.

arbore · Vulpis ut hęc uidit e contra sic ait coruo · O coruus
quis similis tibi? et pennarum tuarum quam magnus est nitor?
Qualis decor tuus esset · si vocem habuisses claram · nulla prior
auis esset · At ille dum uult placere et uocem suam ostendere ·
ualidius sursum clamauit · et ore patefacto oblitus · caseum 5
deiecit · Quem celeriter uulpis dolosa auidis rapuit dentibus ·
Tunc coruus ingemuit · et stupore detentus deceptum se poeni-
tuit · Sed post inrecuparabile factum damnum quid iuuat
poenitere?

15. QVISQVIS AMITTIT DIGNITATEM DEPONAT AVDACIAM 10
PRISTINAM NE A QVOLIBET INIURIAM PATIATVR · UT
HĘC FABVLA PROBAT.

Annis deceptus pluribus leo cum grauatus iaceret spiritum
extremum trahens · aper ad eum uenit iratus spumans fulmineis
dentibus et uindicauit ictum ueterem . taurus confodit cornibus 15
hostile corpus · Vt asinus sic uidit feram illi frontem aperuit · et
ille cum gemitu suspirans · sic disisse fertur · Cum esset uirtus
mea · fuit honor · fuit timor · ut omnes uiso me fugerent et

1. ut hec] hunc (ut) C.
1. ait coruo] cepit loqui C. — coruus] corve B C.
1. econtra] deinde C.
2—4. qualis — esset] et quantus decor tibi inter omnes uidetur.
Tu si uocem haberes claram nulla auis tibi prior fuisset C.
4. uult placere] placere coepit C.
5. sursum] ex hoc C.
5. oblitus — deiecit] caseum deorsum sub arborem misit C.
6. celeriter] fehlt C.
7. Tunc] Tunc uero C. — et] fehlt C.
7—8. detentus — poenitere] deceptus paenituit se. Sic quod
uiribus non possunt (corr. aus: possent) sapientia explicant C.
8. Sed post] Sed B. — inrecuparabile] irreparabile B.
1, 15] II, 8 C. Phaedr. 1, 21. Kirchhof, 7, 27.
10—11. QVISQVIS AMITTIT] DE AMISSA POTESTATE. Qui-
cunque amisit C.
11. NE] et scoat C. — PATIATVR] pati C.
11—12. VT — PROBAT] Aesopi similis fabula C.
13. pluribus] et uirtute C. — grauatus iaceret] iaceret grauato corpore C.
14. iratus iracundus C.
15. taurus] et taurus C.
16. hostile] leonis hostile C. — Ut asinus sic] Asinus ut C.
16—17. feram] infirmum feram C. — illi] calcibus illi B C. — et] At C.
17. Cum esset] Ubi fuit C, mit rasuren.
19. ut] et C. — fugerent] fugerunt C.

opinio ipsa terreret plures · Quos cum beneuolus non lesi · quibus et auxiliator fui · ipsi malignantur mihi et quia sum sine uiribus · nullus est honor pristinus · Monet hec fabula multos mansuetos esse in dignitate.

5 16. QVEM NON DECET REDDERE OFFICIA · VT QUID SE
    INGERIT MELIORIBVS? DE QVA RE AUCTOR TALEM
    SVBIECIT FABVLAM.

Asinus cum quotidie uideret catello blandiri domi dominum
· et de mensa saturari · et familiam illi plura largiri · sic dixisse
10 fertur · Si animal inmundissimum sic diligit dominus meus · ita
et familia · quanto magis me si et obsequium illi fecero? Plus
enim melior sum cane · qui multis rebus sum utilis · Aqua ex
sanctis fontibus alor · cibus mihi mundus datur · melior sum catello · meliori uita possum frui · et maximum honorem habere ·
15 Cum hçc asinus secum cogitaret · uidit dominum introire ·
Occurrit uelocius · clamans prosiliuit et supra stetit · leuans
pedes priores imposuit ambobus humeris domino · lingua eum
lingens linit · et maculans ucstem fatigat dominum pondere suo ·

---

1. terreret] corr. zu: terrebat C. — plures] fehlt C, eingeschoben plurimos. — Quos cum] et nunc uenerunt simul quos non C.
1. beneuolus] benivolus B. — non lesi . quibus et] laesi (et) quibus C.
2. sine] pauper C.
3. Monet — dignitate.] fehlt C.
I. 16] II, 10. C. Gesta Romanorum lat. 79.
5—6. QVEM] QVOS corrig. aus QV C. — OFFICIA] OFFICIUM C. — SE INGERIT] INGERUNT corr. aus GERINT C.
6—7. DE QVA-FABULAM] fehlt C.
8. cum uideret] ut uidebat cotidie C.
9. saturari] saturari illum B.
9. et — largiri] fehlt C.
10. fertur] fertur asinus. C.
10. dominus meus] meus dominus C.
10—11. ita et familia] fehlt C. — si et] et C.
11—12. Plus—cane] fehlt C.
12. qui] qui et C. — aqua et] fehlt C.
13—14. catello] a catello C.
14. et—habere] fehlt C.
15. secum] fehlt C.
15—16. introire] domum intrare C, auf rasur. — Occurrit — clamans] fehlt C.
16. leuans] et C.
17. domino] steht nach priores C.
17—18. lingua — suo] et linguam in manu extergens fatigat ipsum dominum et linit maculis uestem C.

Clamore autem domini concitatur omnis familia · Fustes arripiunt et lapides · asinum faciunt debilem · membris costisque
fractis · Sic abiciunt ad presepia lassum atque semiuiuum · Fabula hęc monet · ne quis indignus se ingerat ad hoc · ut melioris
officium faciat. 5

17. INNOX SI PECCAT ET ROGAT · OPORTET VT VENIAM ACCIPIAT · NE FORTE SIT VBI VLCISCATUR · IDEO HANC AVDIAMVS FABVLAM.

Dormiente leone in silua · mures agrarii luxuriantes · unus
ex illis super leonem non uoluntarie transiit · Expergefactus leo 10
· celeri manu miserum murem arripuit · Rogabat ille ueniam
sibi dari · quia non uoluntate fecerat · Reddiditque causam peccati sui · quod plures luxuriarentur · et quod solus inter ceteros
peccaverit · supplex fatetur · Leo uero de mure cogitabat in tali re ·
qualis subiceretur uindictę · Si enim occideret miserum murem 15
crimen illi erat · non aliqua gloria laudis · Verum ignouit · et
dimisit · Post paucos autem dies leo in foveam cecidit · Captum
se ut agnouit maxima uoce rugire coepit · et magno dolori dat
sonum · Mus uero ut agnouit ad eum cucurrit · quid tali leoni

---

1. clamore] clamor C. — concitatur] concitat C.
1—2. arripiunt] arripuerunt, nach lapides C.
3. fractis] fractibus C. — presepia] presepium C.
3—5. lassum — faciat] Haec autem fabula monstrat ne indigni se
offerant ut meliorum officium faciant. C.
I, 17] II, 11 C. Kirchhof, 7, 20.
6—8. INNOX — FABVLAM.] DE INNOCENTIBUS UENIAM.
qui peccat habet ueniam si rogat et ubi potest reddat uicem . ut haec
testatur fabula. C.
9. silua] siluis C. — agrarii luxuriantes] agri cum luxoriantur C.
10. uoluntarie] uoluntate C. — transiit] transi[li]uit C.
10. Expergefactus] Expertus C.
11. celeri] celerrima C. — arripuit] adprehendit C. — Rogabat] Ragat C.
11—12. ille ueniam sibi] sibi ueniam C. — quia] qui C.
12—13. Reddiditque] Reddit C. — peccati sui] iniuriae C.
13. plures luxuriarentur] non solus luxoriaretur C. — et quod] sed C.
14. peccaverit] peccatores fateretur C. — uero] autem C.
14—15. cogitabat] cogitans C. — re qualis subiceretur] que esset C.
—qualis] quali B.
15. uindicte] uindicta C. — Si-murem] aut quo exemplo (eum) perderet C.
16. illi] autem illi C. — non] nec. B. — aliqua-laudis] laudis gloria C.
16. Verum] sed C.
19. uero ut] ille C.
19. ad] uocem leonis et ad C.
19. tali — quesiuit] ad feros aut quid accidisset mali C.

accidisset · vel quid mali euenisse quęsiuit · At ubi captum cognouit · non est inquit iam quod timeas · Parem gratiam tibi
reddam non immemor beneficii · Dixit · et omnes artuum illius
ligaturas lustrare coepit · Cognouit loca rodenda · sumpsit labo-
5 rem oris sui · et dentibus neruos coepit secare · et laxare artis
illius ingenia · Sic mus leonem captum · liberum siluis restituit ·
Monet hęc fabula · ne quis minimos ledat.

18. QVI SEMPER BLASPHEMAT · IN ANGVSTIA QVID
ROGAT? VIDEAMVS QVALEM DE HOC AVCTOR
10   SVBIECIT FABVLAM.

Miluus cum egrotaret · et multis mensibus iaceret · nec
spem uitę suæ uideret iam esse · matrem cum lacrimis rogabat
ut sancta loca circumiret · et pro salute illius uota magna pro-
mitteret · Faciam inquid quod uis fili · sed uereor ne non im-
15 petrem · Illud enim uereor nate et uehementer timeo · quando
omnia delubra uastasti · et cuncta polluisti altaria · nec peper-
cisti sacrificiis · nunc quid uis ut orem? Audiant haec qui com-
misso malo audent in malis suis loca sancta circumire maculati ·
Sed facere manibus et laborare debent · ut facta eorum mala
20 deleantur.

19. QVI NON AVDIT BONVM CONSILIVM · IN SE INVENIET
MALVM · VT HAEC APPROBAT FABVLA.

Spargi et arari lini semen aues omnes cum uiderent · pro
nihilo hoc habuerunt. Hirundo autem hoc intellexit et conuocatis
25 auibus · retulit omnibus esse malum · Omnes dissimulantes
riserunt · Deinde ut fructificauit · iterum hirundo ait illis · Malum
est hoc · uenite eruamus illud · Nam cum creuerit · retia facient
ex inde humanis artibus quibus capi possimus · Omnes uerba
hirundinis deriserunt · eiusque respuentes consilium contemp-

---

1. euenisse] euenisset B. — At] Mus C.
1—2. cognouit] agnouit ait C. — inquit jam] fehlt C.
2. timeas] timeam A. B. timeas inquid C.
3. reddam] steht vor parem C. — artuum] artis C.
4. coepit] capit B.   ʼ
4—5. Cognouit — oris sui] entsprechende stelle ausradirt C.
5. coepit secare] secando laxat C.
6. illius] fehlt C.
7. Monet - ledat.] Ideo scriptum est minimum ne contemnas. —
EXPLICIT AESOPI FABULARUM LIBER II. C, auf vielen rasuren.
I, 18.] fehlt C. Paull 288.
I, 19] fehlt C. Kirchhof, 7, 114.

serunt · Ut hoc uidit hirundo · ad homines se transtulit · ut
tuta esset sub tectis eorum. At quę respuerunt monita nolentes
audire consilium · semper in retibus cadunt.

EXPLICIT LIBER PRIMVS AESOPI · INCIPIT SECVNDVS.

Omne genus fabularum probatur contra homines. Quis 5
enim malus nisi homo · et quis bonus nisi homo? Vitam hominum et mores · satis est nobis comprehendere. Et tamen ausus
sum breuiter similes scribere fabulas. Dicam equidem bonorum
siue nocentium gesta · quod ille securus uiuat · qui non habet
quem timeat. 10

Athenienses nimis boni cum optimi fuissent et liberi · et
neminem timerent · et sibi inuicem seruirent cum optima et
bona uoluntate · consilio vano sunt decoepti · quo improbos
compescerent aut punirent · Ex inde multi terrebantur · alii
predam patiebantur · alii autem et puniebantur · et quasi sub 15
correptione dolebant · hęc sibi fecisse quod miseri ledebantur ·
et quia cedem hanc legitime sustinebant · metuebant grave
periculum · Non quia ille crudelis · sed quia ipsi insueti ut sub
lege aut sub aliena uoluntate seruirent · graue illis pondus
erat · conuersi in poenitentiam flebant · Tunc aesopus illis con- 20
tra talem retulit fabulam.

Ranę inquit uacantes in liberis paludibus et stagnis ·

---

4. AESOPI] fehlt B.
4. EXPLICIT — SECVNDVS] fehlt C.
5—10. Omne—timeat.] (von zweiter hand: Qui proprio non est contentus dignum est coherceatur alieno imperio.) DE INSUETO OFFICIUM.
Ille securus uiuit qui non habet quem timeat. C.
8. equidem] equidem ex A B.
11. nimis] fehlt C. — optimi fuissent] optime florerent C.
11. liberi et] inuicem se diligerent et liberi C.
12. et sibi — seruirent cum] fehlt C.
12—13. optima et bona] bona et optima C.
13. consilio] consilium A.
13—14. consilio — punirent] consilio bono adepti majorem sibi
petierunt qui inprobos mores aut conpesceret aut forte nimis inprobos
puniret C.
14—19. Ex inde-lege aut sub] Multi ex inde territi uerum et satis lesi
dolebant sibi. Haec fecisse non quia crudeles (rasur) et insueti (sub) C.
17. hanc] hanc seueram B.
19—20. seruirent] seruire C.
19. graue—contra]. Aesopus autem e contra C.
II, 1] III, 7 C. Phaedrus, 1, 2. Kirchhof, 7, 157.
22. uacantes] vagantes B. — inquit uacantes] inquid bacantes C.
22. et stagnis] fehlt C.

clamore magno ad iouem facto petierunt sibi rectorem · qui
errantes corrigeret. Cum hęc uellent · risit iuppiter deinde
iterum clamorem fecerunt · Cum nulla signa uiderent · potius
rogare coeperunt · Iuppiter pius innocentibus · misit in stagno
5 lignum magnum tigillum · quo sono pauentes fugerunt · Postea
uero una protulit super stagnum caput uolens nosse cunctarum
regem ut uidit lignum cunctas aduocat · Aliquę timoris plenę
natant salutare magnum rectorem · Aliquę accedunt pauide
simul · Ergo ut nullus in ligno spiritus [sentientes] ascendunt
10 super illud · et intelligunt esse nihil · et conculcauerunt pedibus.
Iterum rogare coeperunt · Tunc iuppiter misit illis ydrum · id
est magnum colubrum · qui singulas necare coepit · Tunc uoces
cum lacrimis ad sydera tollunt · Succurre iuppiter · morimur · E
contra illis altitonans · Cum uos peteretis nolui · cum nollem
15 inuidiose petistis · et quia noluistis bonum ferre · sustinete
· malum.
   2. QVI SE TVTANDVM DEDERIT HOMINI IMPROBO ·
   PERDIT MALE AVXILIVM DVM QVERIT · QVOD SIC
   NARRAT FABVLA.
20   Cum sepe columbe fugerent·asperum atque seuum miluum

----

1. magno] fehlt C. — rectorem] regem C.
2. cum—iuppiter] Jupiter haec uolentibus risit C.
3. iterum—fecerunt) rogare coeperunt C.
4. pius] autem piissimus C. — innocentibus] fehlt C.
5. tigillum] fehlt C.
5—6. Postea uero] et se diutius absconderunt. Deinde C.
6. cunctarum] missum C.
7. Alique timoris] Illae timore C.
8—10. salutare—pedibus] (euidentes auf rasur) regem suum ascen-
derunt supra liguum (durch punctirung beseitigt: cunctas uocat nosse et
ullus supra spiritus) uiderunt esse nihil. C.
9. sentientes] fehlt A B.
10. intelligunt] intelleguont B.
11. Tunc—illis] ut daretur quid timerent . tunc misit C.
12. colubrum] serpentem C.
12—13. qui—tollunt] qui secutus dente aspero singulas deuorabat. Tunc
rogare coeperunt C.
14. illis] fehlt C. — cum—petistis et] fehlt C.
14. nollem] uellem A B.
15. ferre] angefügt: sufferre C.
II, 2] III, 8 C. Phaedrus, 1, 31. Kirchhof, 7, 146.
17. QVI] ursprünglich, nach dem index: De malis patronis; auf der rasur
von zweiter hand: Qui nolunt sustinere malos forte inuenient peiores
defensores. C. — dederit] commiserit C.
18. perdit male] perit C. — quod sic narrat] sine timore interit ut
narrat haec C.
20. atque scuum] fehlt C.

timerent euntem·accipitrem sibi fecerunt defensorem et patronum.
quia putauerunt se sub eo esse tutas. Has ille fingens correptio-
nem · singulas deuorare coepit · Tunc una cx illis · Leuior fuit
molestia nobis importunum miluum pati · modo potestate
necamur · Sed digne hęc patimur · quę nos tali commisimus.   5

3. DE SEDVCTORIBUS AVDIAMVS FABVLAM.

Nocturnus quidam fur cum panem mitteret cani   canis
dixisse fertur · Panis pro gratia datur · ut uideo. Das ut me
ledas · et unde uicem redditurus sum una cum domino domus
et tota familia? Si tu tecum totum auferas domo · panem porriges   10
mihi cum fame uictus fuero? Nolo fauces meas pane claudias ·
nolo cibum ut lingua sileat · sed ipse contra latrabo dominum
et familiam suscito · Furem illis nuntio · Non presentam uitam
uolo · sed futuram contemplor · aut ambula · aut nuntio · Hęc
illi intelligant · qui ad unum prandium rem suam perdunt.   15

4. MENTEM AD LOCUM HABERE QVIS MALO CREDAT? CVI REI SIMILIS FABVLA SVBIECTA EST.

Premente partum scrofa cum iaceret dolore gemens · uenit

---

1. timerent—sibi] fehlt C. — et] fehlt C.
2. quia—esse] putabant se esse ab eo potius esse tutas C.
2—3. Has—correptionem] acceptor fingens connisit (corr: conlisit C.
3. illis] illis ait B. C. — Leuior] corr. aus Leuius C.
4. importunum—pati] von zweiter hand nachgetragen C. — modo
necamur] fehlt C.
5. hec] et bene C. — que nos tali] qui nos predoni C.
II, 3] III, 9 C. Phaedrus. 1, 23. Kirchhof, 7, 110.
6. AVDIAMVS FABVLAM] fehlt C.
8—9. Panis—ledas.] Tu das ut ledas C. — et] rasur C.
9. uicem redditurus] uicturus C. — una] ut una C.
9—10. domus—familia] domum (corr. aus domus) totam tecum auferas C.
10—11. Si tu — fuero] Si enim panem porrigis . egenti mihi postea
numquid daturus es aut misericors eris mihi fame deficienti? C.
11—12. meas] fehlt C. — claudias] claudas B. C. — cibum — sileat]
cibo linguam sileas. C.
13. nuntio] adnuntio C.
13—14. Non — contemplor] non in presentem uapulo, sed futura con-
tempno C.
14. nuntio] adnuntio C.
15. rem—perdunt] sua perdunt ant simplices ne se ducantur C.
II, 4] IV, 4 C. Phaedr. Jan. 1, 18. Kirchhof, 7, 174.
16. MENTEM] DE PARTURIENTIBUS. Mente C. — quis] quos B.
16—17. HABERE—partum] quisquis esse debet malo se ne credat prae-
uenta partu C.
18. Premente] Promente A. — dolore gemens] et C.

ad eam lupus et ait · Expone soror hac hora foetum · ego fungar
obstetricis officio · stans pro solatio tibi sacro · Improbum ut
uidit · repudiat eius officium · Expono inquit foetum frater ·
secura si tu recesseris · Obsecro · da mihi honorem · Fuit etiam
5 et tibi mater · Illeautem ut recessit frustra petendo fraudulenter
fatigatus · ipsa statim profudit sarcinam · Quę si malo credidisset
infelicissime peperisset.

5. VBI TIMOR MAGNVS EST ET GRAVIS TERROR · SEPE
NIHIL EST · VT HAEC FABVLA TESTATVR.

10   Quidam mons parturiebat geminos magnos · omnis natio
cum audiuit statim perturbata est · pauent omnia simul · Nullus
erat memor sui · tanto et ualido sono pauore concussi · obliti
suorum · Mons ille qui parturiebat geminos magnos · agens
deinde peperit murem · Fama huius rei uolat · et quos timor
15 inuaserat   resumpserunt spiritum · et quod malum putabant ·
in nihilum omnibus uenit.

6. BONITAS PARENTES FACIT NON VT DICITVR NATI-
VITAS · VT HAEC FABVLA PROBAT.

[3] Inter capellos agno uaganti · canis dixisse fertur · Non
20 est hic mater tua · et oues segregatas longius ostendit agno · Non
illam quęro ait agnus quę me concepit in utero aut portauit men-

---

1—2. Hac hora foetum] secura C. — ego] Ipse C. — officio] obsequio C.
2. stans—sacro] (et illa) nachgetrageu C.
3. inquit—frater] frater fetum inquit C.
4. da] ut des C.
4—5. Fuit—mater]fehlt; von zweiterhand beigefügt : et tu olim matrem
habuisti C.
5. petendofraudulcnter] fraudulenter petendo B. — frustra-ipsa] fehlt C.
6—7. credidisset]crederet C. — peperisset](a)periret corr. zu pareretC.
II, 5] IV, 14 C. Phaedrus, 4, 23. Kirchhof, 7, 193.
8—9. VBI] DE MUS PARTURIENTE. (Ubi, wie der rest der überschrift
von der zweiten hand C. Bis auf wenige wörter ist das ganze stück auf
rasuren nachgetragen. — ET GRAUIS TERROR] fehlt C.
9. VT—TESTATVR.] fehlt C.
10. Quidam mons parturiebat] (Sicut mons qui parens) dabat C.
11. cum] ut B. — cum—est] turbata pauebat. C.
11—12. pauent omnia simul] fehlt C.
12. tanto—concussi] fehlt C.
12—16. obliti—uenit.] (sed mons) ille (post) magnos gemitus (peperit
murem. Fama autem huiuscemodi uolante qui prius moribundi fuere spiritum resumpserunt. Sic qui malum plus timet quam deceat ad nihilum
saepe peruenit.) C.
II, 6] fehlt C. Phaedrus, 3, 15. Anonym, 26. Wright, 2, 6. Rom. Nilant. 23, p. 98. Marie 44. Boner 30.

sibus nouem · et in lucem effudit parturiens · sed hęc est quę
me nutrit et dat ubera sua mihi · natos autem suos fraudat · ut
lac non desit mihi · E contra canis · sic ait agno · Tamen illa
est tibi fortior mater · quę te peperit · et agnus ait · Ita est ut
dicis · Sed ut licitum est naturę conceditur in sua sibi quis esset · 5
an masculus an femina pecoribus? quid prodest filius · nisi ut
lanioni sit lucrum? Aut ut putant hominem prodesse · et in illis
dubium est · fidem seruare quemquam sibi.

7. SENEM HORRERE NVLLVS DEBET · AT SINON VIS
SENEM DILIGERE VEL FACTA EIVS PRIORA DILIGE · ET 10
AVDI FABVLAM SVBIECTAM.

Canis cum domino suo satis fecisset uenando semper iuuenis
uenando · annis iam grauatis et sua iam ętate tardatus · dentes
autem infirmos ferens cum comprehenderet auritum leporem ·
sua uirtute lepusculus exiuit de ore canis · Suum corpus quia 15
non fuerat lesum · fatigat per campum canem · Irascitur dominus
cani · et obiurgat ineptum rei · Cui canis contra sic dixisse fertur ·
Sunt animę sine uiribus · sunt scabrosi dèntes · fuimus aliquando
fortes · laudasti quod fuimus · nunc dampnas quod sumus · Memo-
rare pristina · et quod hodie possumus · apud te bonum et gratum 20
sit · Ergo hęc fabula nobis probat · quod si quis bene egit iuuenis ·
ut senex non contempnatur.

II, 7] V, 1 C. Phaedrus, 4, 39. Kirchhof 1, 60.
9—11. SENEM—SVBIECTAM.] INCIPIT LIBER QVINTVS AESOPI
FABULARUM. DE SENECTUTE C. das fünfte buch ist fast ohne correctur von der zweiten hand, daher entsetzlich verderbt.
12. satis—iuuenis] semper faciebat uenationem . qui dum satisque
uenando satiebatur diuersos et bonos cibos qui dum C.
13. iam etate] aetate jam B. — grauatis] grauatus C.
15—16. sua—lesum] aetate uero tardus comprehenderit auditum uirtute sua auditus rapuit ab ore corpus et qui fuerat inlesus C.
16. per] in C.
16. Irascitur] et irascitur C.
17. obiurgat] obiurgante C. — ineptum rei] impetus ei C. — dixisse
fertur] fatur C.
18. anime] animi C. — uiribus] uirtute C.
19. nunc] etiam C. — Memorare] memor esto C.
20. quod hodie] non C. — possumus] possum C. — apud] penes C. —
bonum—sit] esse grati C.
21. Ergo—contempnatur] fehlt C.

8. POTENTES METVERE DEBENT INFIMOS · VT HAEC
FABVLA TESTATUR.

Vulpinos catulos aquila rapuit in nido reponens · quos pullis
suis æscam daret · Prosecuta uulpis aquilem rogabat catulos sibi
5 reddi · Aquila contempsit uulpem · quasi inferiorem · Vulpis
plena dolore · ab ara ignem rapuit id est faculam ardentem et
arborem circum dedit · collecta stipula · Cumque fumus et flamma
perstreperent · aquila dolore compulsa natorum ne flammis
simul perirent · incolumes uulpinos catulos reddidit supplex
10 matri · Docet hęc fabula multos ne quis insultet inferiori · et
incendatur ab aliqua flamma.
9. QUI SVSTINERE NON POTEST MALVM ALIOS INSPI-
CIAT ET TOLERARE DISCAT.

Cum strepitus magnus ad lepores ueniret subitus · consi-
15 lium simul fecerunt ut se precipitarent propter assiduos metus.
Venerunt ad oram fluminis ubi ranę multę erant · At ubi uenit
agmen leporum expauerunt ranę · et in fluuium se iactauerunt ·
Lepores cum hęc uiderent · unus illorum · Sunt inquit et alii
timentes · sequamur uitam ut ceteri · feramus si quid acciderit ·
20 neque enim erit toto tempore malum.

II, 8] II, 2 C. Phaedrus 1, 28. Stainhöw. 13. Anon 13. Nil. fab. 14.
Rom. Nil. 11, S. 79. Wright, 1, 12. Neckam 23. Bromyard N, 4, 4.
Marie 10.
1—2. Potentes-testatur.] DE POTENTIBUS INFIRMOS (corr. aus)
INFIRMI QUOMODO DEBEANT TIMERE Aesopus his sermonibus subiecit
hominibus C.
3. in] et in C.
3. quos] ut aus quos und rasur hergestellt C.
4. catulos] catulos suos B. — natos suos C.
5. Aquila] aquila uero C. — quasi] et sic eam contempsit quasi C.
5. Vulpis—ara] ab aris deorum C.
6. faculam] baculum C.
6—7. et] totamque C. — collecta stipula] miscens collectam stipulam C.
8. perstreperent] percreuissent C.
9. perirent] periret C. — uulpinos] fehlt C.
9—11. supplex—flamma] et se peccare fatetur ueniam rogans C.
II, 9] I, 4 C. Kirchhof, 7, 158.
12—13. QUI—DISCAT] fehlt AB, nach C. aufgenommen, welcher der-
satz von alios ab von zweiter hand beigefügt ist.
14. Cum—magnus] ein drittel der zeile ausradirt, dann ursprünglich
strepitum magnum C; corr. — ad — subitus] uenit ad lepores C.
14—20. consilium-malum] dicunt se propter adsiduos metus iam uitam
uelle finire. Uenerunt a quendam locum (corr. lacum) quo se precipites darent:
leporum uero magno aduentu territae ranae fugientes. Hae inquid unus
leporum sunt (beigeschrieben: alii) quos malorum tetigit timor. sequamur
ut ceteri uitam (ursprüngl. vita) C.

10. PRECEPTA AVDIRE PARENTVM · SEMPER LAVS EST
      NATORVM.

Capella cum esset foeta · et ad partum uellet ire · ignarum
hedum ammonuit · ne aperiret alieui · sciens quod multę ferę
stabula pecorum circumirent · Monuit · et exinde exiit · Venit 5
lupus uocem assimilans matris · et hedus per rimas aspiciens
sic ait · Vocem matris audio · sed tu fallax et inimicus es · sub
uoce matris nostrum querens sanguinem · Sic qui monetur
caute uiuit.

11. SVSPECTVS ESSE DEBET QVI ALIQVEM LESIT   10
      ALIQVANDO · SICVT PRODIT HAEC FABVLA.

In domo cuiusdam pauperis uenire semper consueuerat
serpens ad mensam eius · et inde fouebatur ex micis · Non longo
post tempore coepit pauper irasci serpenti · quem securi uulnerauit · Inter posito tempore ille ad egestatem rediit · At ubi 15

II, 10] I, 5 C. Kirchhof, 7, 40.
1. Precepta—natorum] Praecepta parentum audire C.
3. Capella.] Natorum (ursprüngl. Antorum) semper laus . capella C.
3. foeta] recens feta C. — et—ire] ad pastum uellens ire in silua (corr.
siluam) C.
4. ammonuit hedum] monuit hedum C.
4—5. ne-exiit] et mandauit ne alio (corr: alii) aperiret . quod clau-
sum super eum fecerat propter quod nullae forte (corr: multas feras uenire
sciret) ad stabula pecorum . Ita commonuit haedum . et sic capella siluam
petiuit C.
5. exiit] abiit B. — Venit] Paulo post uenit C.
6. assimilans] assimulans B C. Matris] matris .1Aperi mihi inquid precor
aperi tuis plenis uberibus C. — et] at C.
6. aspiciens—ait] (aspiciens et vorgeschrieben) auscultans ait C.
7—9. sed tu — uiuit.] non figuram. Inique nostrum captas sanguinem
sed monuit (urspr. mouet) me qui te nouit et metum tuum propter relinquere C.
II, 11] I, 12 C. Kirchhof, 7, 91. Gesta Roman. 141.
10—11. SVSPECTVS-FABULA.] DE HIS QUI ALIQUEM LEDUNT
(qualiter suspecti esse debent . zweite band) C.
12—6. In domo — aliquando.] In domo dominica (corr: domum cuiusdam pauperis) serpens consuetudinem ad mensam fecerat . et de illius paupertate aedebat . Fouebatur reliquiis . Inter posito tempore diues effectus est
pauper. Dehinc coepit irasci serpenti . Quam manu homo ille secure (corr.
securim) tenens uulnerauit . Iterum paulo post miser factus est. Subito ad
egestatem deductus . Intellexit fortuna serpentis et causa huius aegestatis
pati . Quam (corr. quod) ut uidit repropitiare (corr. rogare) coepit ignoranti
potius ignosceret . Tunc ergo serpens dixit illi . Ignoscam petenti quia paeni-
teris sceleris tui . Sed dum (corr. donec) catrix clauserit (corr. clausa erit) .
dum (corr. donec) a me transierit dolor non credas integram fidem (eingeschoben: redeo tecum in gratiam) si (über rasur) obliuiscar securis
perfidiam C.

intellexit fortuna serpentis hoc accidisse · et causa illius diuitem
fieri antequam ab illo laceraretur · uenit deprecans · ut ignosceret peccanti · Contra sic serpens ait · Quia peniteris ignoscam
sceleri tuo sic dum cicatrix clausa erit · non credas integram
5 fidem · Nam redeo tecum in gratiam · si obliuiscar securis perfidiam · Ita suspectus esse debet · qui aliquem lesit aliquando.

12. FRAVDATORES CUM MVTVANTVR FIDE DICTORES DANT · VT HEC FABVLA NARRAT.

Rogabat ceruus ouem · modium tritici restituere sibi · die
10 posito in quo redderet presente et fide dicente lupo ouis ad
presens promisit · presentia inimici territa · Cum ad eam ueniret
ceruus · ouis ceruo ait · Dies uenit · quis reddet? Tu quatis
ungula campum · lupus ubi uult peragratur · Magnę sunt uestrę
fallacię. Docet hęc fabula · caute quibuscumque credere.

13. · QVI SIBI INIVRIAM FECIT ALIO PVLSANTE · IRRI-
15 DENDVS NON EST.

Vt caluo fuit iniuriosa musca · et nudum caput capillis
assiduo morso tundebat · ille sibi alapis non parcebat · uolens
inimicam capere · Illa ridens plus faciebat · et caluus ad eam

---

II, 12] I, 13 C. Phaedrus, 1, 16. Kirchhof, 7, 38.
7—8. FRAVDATORES] DE FRAUDATORIBUS . Fraudatores (schon
text) C. — cum] com C. mutuantur] mutantur C.
8. ut — narrat] iuprobos C.
9—12. Rogabat—ait] Ab oue rogatur ceruus modium sibi commodari. Die
posita eum reddere fide dicente quidem lupo illa lupo promisit . Uenit post
paululum domi . uenerunt lupus et ceruus . Ouis uero de concluso ceruo
sic ait . Inima territa presenta promisit euadendi causa . et nunc legulo
comminita C.
10. presente] presentem AB.
10. fide] fidem A ; ad fidem B.
11. presentia] presententia AB.
12. uenit] adest C.
13—14. lupus—credere.] lupus uero petit magnam siluam . Sic et uestrae
me decipiunt fallaciae C.
II, 13] I. 14 C. Phaedrus 4, 31. Anon. 32. Nil. fab. 66. Neckam 19.
Camerar. 185. Boner 36.
15—16. QVI] QUI SIBI INIURIOSI SUNT. Qui (Text) C. — fecit] facit C.
— irridendus] ridendus aus ridendo corr. C.
16. est] est. Ostendit aesopi fabula C.
17. Ut] fehlt C. — et] ut C.
18. assiduo] corr. aus adsitu C. morso] morsu C. tundebat] contenderit C.,
corr. contunderit.
18. sibi-parcebat] uero alapas (corr. alapis) non parcet capiti (corr.
capti) C.
19. inimicam] iniquam C. — et] Deinde C.

sic ait · Mortem quęris improba · Nam facile mecum redeo in
gratiam · tu autem mca morieris alapa · Hęc fabula de iniuriosis ·
qui sibi inimicos creant.

14. QVOD TIBI NON VIS FIERI ALIO NE FACIAS · DE SIMV-
LATIONE POSVIT NOBIS AVCTOR FABVLAM.   5

Vulpis ad cenam ciconiam prior inuitauit · et posuit illi in
catino sorbitionem liquidam · de qua satiari non potuit.
Esuriens rediit cyconia · Post paucos dies et illa rogabat uulpem
ut ueniret ad cenam · et sic cyconia fecisse dicitur · Ac in lagena
uitrea posuisse lautiores ęscas · Prior coepit sumere cyconia · 10
deinde ortatur uulpem · Statim uulpis iniuriam sensit · et sic
cyconia dixit uulpi · Si bona dedisti accipe · si dedignaris agnosce.
Hæc de his dicitur qui uerbis fidei ludunt · ita uero fatigantur
iniuria· Monet hęc fabula · nulli facere imposturam.

15. DE PARVM SAPIENTIBVS AVCTOR DIXIT FABVLAM.   15

Personam tragoedi lupus in agro inuenit · Tragoedam
semel et iterum uertit · O quanta species ait · et cerebrum non
habet · Hęc de illis dicuntur · qui gloriam et honorem habent ·
sensum autem non habent ullum.

---

1. sic ait] dixit C. — Nam] fehlt C.
2—3. tu ·autem —creant] contemno aetatis iniuriam . Explicit liber
primus C.
II, 14] II, 3 C. Phaedrus, 1, 26. Kirchhof, 7, 29.
4—5. QUOD-FABULAM] DE INPOSITORIBUS. Quid (Quod) sibi
(quis) fieri non uult . ne in alio faciat . Similem rationem haec fabula
ponit C.
6. ciconiam—inuitauit] dicitur prior inuitasse (corr. aus inuitat se
ciconiam) C.
6—14. et posuit—imposturam.] Deinde coctis sarculis (corr. zu: coctas
sorbitiunculas). in marmora fudit . et omnia lincxit . At uero cicouia ubi
nihil commedere potuit . Inuitat et ipsa uulpem et coctos colluriones in
languenam mittens uulpem ortatur comedere . Uulpis uero in rostro languene
pauca lincxit . et sic ciconia irascitur uulpi dicens . Inuita deberes reddere
que accepisti . Si bona dedisti accipe bona . ut non tristis redeas oro tamen
si me dignam habes ignosce C.
10. lautiores] lautiores simul B.
II, 15] III, 6 C. Phaedrus, 1, 7. Kirchhof, 7, 51.
15. DE—FABULAM.] DE INSIPIENTIBUS C.
16. in agro] fehlt C. — Tragoedam—nertit] Dum girasset illam et regi-
rasset ait. C.
17. ait] inquit C. — et] sed C.
18. Hec-ullum] Hoc in illis dicitur quibus sunt diuitiae et parum
sensum habent. C.

16) NE QVIS DE ALIENIS MAGNVM SE PROFERAT
BONIS SVOQVE MODICO POTIVS OPORTET VT ORNETVR.
NE TURPIS SIT CVM EXPOLIATVR INDE AVCTORIS
AVDI FABVLAM.

5 Gracculus tumens superbia et uana audacia · sumens
pauonis pennas quę ceciderant sustulit et se ornauit · et coepit
contempnere suos miscuitque se gregi pauonum · Illi ignoto
et impudenti pennas iniuriosi eripiunt · calcibus et morsibus
fatigant. Semiuiuus ab eis relictus · et grauiter maleque sauciatus ·
10 redire timuit miser ad proprium suum genus · Vbi cum esset
ornatus et multos iniuriose terreret · Tunc unus ex illis ait illi.
Dic nobis si non erubesceres ut et tuas uestes amasses et quod
natura dedit hoc tibi sufficeret ? Nec ab aliis passus es iniuriam ·
nec a nobis pulsus es uel fuisses · Hoc tibi bonum fuit · si ad
15 quos habebas uiueres.

17. ALIQVANTI CVM NIHIL SINT IRASCVNTVR
MELIORIBVS · ET GRAVITER MINANTVR QVI NIHIL
FACERE POSSVNT.
Musca sedit in temone et mulę iunctæ quam tarde ambulas

II, 16] II, 4 C. Phaedrus, 1, 3. Kirchhof, 7, 52.
1—4. NE—FABVLAM.] DE HIS QUI SE EXTOLLUNT. Ne quis
(ausradirt) de alienis bonis . dum magnum se uellet proferre suaque pocius
modico ornetur . Aesopus enim hoc exemplum per fabulam prodidit nobis C.
. 5—8. Gracculus—eripiunt] Tumens graculus (corr. aus garulus) in-
anis superbia pennas pauonis que ceciderant sustulit et se optime ornauit.
Deinde contemnens suos (eingeschaltet: gregi pauonum se miscuit . sed illi)
ignoto et impudenti (aus: inprudenti) uano pennas irati iniuriose eripiunt. C.
8—9. calcibus—relictus] morsibus autem laceratum atque semiuiuum
fugauerunt C.
9. relictus] relictis B.
9—11. et grauiter—terreret.]Male acceptus ille garulus dixit Redire me
(corr: erubesco) ad proprium genus ubi multos ornatos contempseram .
Tunc tristem sustinuit notam sumpsitque iniquam famam C.
11. illi] fehlt C.
12—15. Dic—uiueres] quos prius iniuriis dispexerat (si) contemptus
nostri fuisset (corr. zu: nostris fuisses) sedibus . et quod natura dederat
uoluisset (corr. uoluisses) nobiscum pati . Nec illam sustineres iniuriam
nec a nobis pulsus doleres C.
II, 17] II, 6 C. Phaedrus, 3, 6. Anon. 37. Camerar, 186. Boner 40.
16. ALIQVANTI] NIHIL ESSE ET IRASCI . Aliquanti (text) C.
17—18. GRAVITER—POSSUNT.] graues promittunt minas . aesopus
(inde narrat) fabulam. C.
19. temone] timone B. — sedit in timone] in timone sedit C.
19-61, 2.mule—huius] cum mulas litigat quam tardius ambulans ceruicem
tibi pungam . Sic male dixisse fertur . uerbis non mouerar tuis sed istius C.

ait? Ambula · nam pungo tibi ceruicem · Sic mula dixisse fertur·
[3 b] Verba tua non pauesco · sed huius qui prima sella sedit·
qui frenis ora temperat · et loris interflectitur · Flagello excusso
nobis potius hic timendus est · Tu autem insolens et uana · quę
nihil aliquando uales fortioribus facere.   5

18. QVISQVIS SE LAVDAVERIT · AD NIHILUM DEVENIT · VT HAC DOCETUR FABVLA.

Nam formica et musca contendebant acriter· quę melior
illarum esset · Musca sic coepit prior · Numquid te nostris potes
comparare laudibus? Vbi immolatur · exta primum ego gusto · 10
in capite regis sedeo · et omnibus matronis oscula dulcia figo ·
de quibus rebus tu nihil · Et formica sic ait contra hęc · Tu
diceris improba hominibus et bestiis esse · At tu laudas importunitatem tuam · Numquid optata uenis? Reges autem nominas
et matronas castas · tu infortune ades · et omnia dicis tua esse · 15
cum ubicunque effugaris · undique importuna pellaris · quasi
iniuriosa abiceris · Aestate uales · bruma ueniente peris. Ego
uero sum deliciosa · Hieme mihi secura sum · me incolumem
habet tempus · Me gaudia sequuntur · tu cum uentoso flabello pelleris sordida · Hęc fabula litigiosorum est · Dicis dico · laudas 20
laudo.

19. QVI SEMEL FRAVDE INCLARVIT SEMPER TVRPITER VIVIT · ET SI VERVM DICAT NON ILLI CREDITVR.

Lupus arguebat uulpem · iratus furti crimine · Illa negabat
se esse ream · Tunc iudex sedit simius equissimus et uerax · qui 25
inter presentes reum agnosceret · Contra illi causas dicunt · nu-
dant fraudes suas · et uera sibi dicunt mutuo crimina · Tunc

---

3. qui frenis ora] illius uerba me terrent. qui ora frenis C. — inter-
flectitur] intercursum regit C.
3—5. Flagello—facere.] Cuius flagella timentur huius minas metuimus.
Tu autem insolae te uauas qui nihil aliqua uales terrae si forte culices
tuos nam fortibus nihil noces. et irasceres cum nihil facturus sis C.
ll, 18] fehlt C. Phaedrus, 4, 24. Kirchhof, 6, 275.
9. esset] fuisset B.
9. potes] potes te A.
10. immolatur] immolantur corrigirt B.
16. cum] tum B.
16. pellaris] pelleris B, ebenso verbessert in A.
18. deliciosa] delitiosa B.
ll, 19] fehlt C. Phaedrus, 1, 10. Anonym. 39. Nil. fab. 28. Camerar.
187. Marie 89.

iustus et uerax iudex iudicauit inter partes eorum · et de libello
sententiam legit · Tu inquit quęris quod non perdidisti · et te
tamen credo aliquid surripuisse · quod bene negas in iudicio ·
Talis fit abolitio uestra · et pares exite concordes · Scitote omnes
5 quia qui fraudem assuetus est · semper pessime uivet.

20. QVIBVS SERVI SERVIVNT BENIVOLI · SEPE ILLIS
ITA REDDVNT MERITA DOMINI SVI · VT HAEC
FABVLA NARRAT.

Mustela cum comprehenderet mures · homo eam coepit.
10 Illa cum fugere uellet · rogo inquit ut parcas mihi · quę a molestis semper purgaui domum · At ille ad illam sic locutus est·
Non causa mea facis . Nam gratam te haberem · si pro me
fecisses · et ego ueniam dedissem tibi · Nam ideo mures necas
ut comedas · reliquias nostras quas ille fuerant rosurę · Tu totum
15 deuoras · et omnia tecum deportas · Nolo mihi imputes benefi-
cium dixit et innocuam morti dedit.

21. POTENTEM CVM QVIS PAVPER VVLT IMITARE · CREPAT
· DE HAC RE TALEM AVCTOR POSVIT FABVLAM.

In prato quędam rana uidit pascentem bouem · Quę putans
20 se fieri talem inflatione rugosae pellis · inflauit se pro uiribus ·
natosque suos interrogauit · Sum ipsa quantus bos? dixerunt·
Non · Iterum se inflauit potius · et dixit suis · Quid modo?
Responderunt · Nihil simile · Tertio cum se inflaret · Rupta

II, 20] II, 9 C. Phaedrus, 1, 22. Anonym. 40. Nil. fab. 29. Camerar.
188. Boner, 45. Bromyard A, 12, 15. vgl. Kirchhof, 7, 92; 93.
6—8. QVIBVS—NARRAT.] DE OBSEQUIO INGRATO C.
9—11. Mustela—molestis] Mustela ab homine comprehensa cum fugere
uellet (rasur . . . quod, corr. et) non posset euadere . Sic locuta est. Quaeso
inquit parce mihi . causam dicam seruitutis meae . Illa sum quae tibi seruio .
quia (ex) molestis muribus (corr. aus moribus) C.
11. At] et C. — ad] fehlt C. — illam] eam B; fehlt C. — locutus] ad-
locutus C.
12. facis] facis haec C. — gratam te] te gratum C.
12—13. pro] propter C. — et—tibi] fehlt C.
14. comedas] fruaris C.
14. ille fuerant rosure] illi sunt rosuri C. — Tu] et C.
15. et—tecum] Nam et aliquam C.
16. innocuam] improba(m) C.
16. morti] corr. aus morte C. — dedit] tradidit . Haec illi agnoscant
quibus seruiunt bencuoli et non illis redditur meritum C.
II, 21] fehlt C. Phaedrus 1, 24. Kirchhof 7, 53.

pelle mortua est · Ideo hoc exemplo cautus esto quisquis supra
uires tuas agere conaris · et noli te inflare ne crepes.

EXPLICIT LIBER SECVNDVS · INCIPIT TERTIVS ·
DEBENT POTENTES [GRATIAM] REDDERE ET SI LONGUM
SIT TEMPVS OBLIVIO ESSE NON DEBET · NAM SIC FACTVM 5
ESSE PROBAT HEC FABVLA.

In silua cum erraret leo festinans · stipem calcauit · Collecta
intus sanius claudicare coepit · Fera pastori cum occurreret ·
cauda sua blandire coepit · Suspenso interim pede · Perturbatus
uero pastor ut leonem ad se uenire uidit · pecudes ei obiecit · 10
putans leonem escam querere · sed potius ab eo medicinam
querebat · Nec moratus · pastoris in sinu posuit pedem · Pastor
ut uidit uulnus · et magnam contusionem · tunc memor sui inuenit
ingenium · sumpsit acutam subulam · et paulatim aperuit uulnus · Patefacta est contusio · simul et stippe effusa · Leo sensit 15
refrigerium · et pro pretio medicine manum pastoris lingua
linxit · Assedit lateri eius · paulisper resumpsit uirtutem · et
abiit incolumis · Post aliquantum tempus leo ipse capitur ut
esset in arena · et curreret ibi · Pastor crimine oppressus datur

---

III, 1] III, 1 C. Kirchhof, 1, 203.
3. INCIPIT — REDDERE] INCIPIT LIBER TERTIUS . DE GRATIA
REDDENDA . (Rasur) potentes (eingeschaltet) gratiam debent reprehendere
miseris C.
4. gratiam] fehlt AB. — miseris] fehlt AB.
5—6. sit] intersit C. — nam—fabula] fehlt C.
7—9. In—sua] Cum leo in silua erraret (stirpem calcauit) et collecta .
sanie claudicare coepit. (Rasur) ad pastorem proximum accessit. Cui cauda C.
7. stipem] zu spinam corrigirt A.
8. sanius] sanie B.
9—11. Perturbatus—querere] pastor quidem perturbatus pecudes (ei)
subiecit (rasur) . leo uero non escam querens C.
11. eo] illo B.
12. querebat—sinu] in sinu pastoris C.
13. uidit] tudit B.
13. magnam] amplissimam C.
13. tunc] et si C. — inuenit] tamen inuenit C.
15. simul] sanies aus sana corr. C.
15—16. stippe effusa] stirps effunditur C. — et pro] et et pro A.
15—16. Leo—pretio] Ferus autem refrigerium sumpsit. et precium C.
17. Assedit] Assidensque C.
18—19. incolumis—datur] multo post tempore incolumis leo capitur. (ut
sit in amphiteatri auf rasur) arena (rasur) pastor comprehensus crimine
damnatus C.
19. et curreret] et cum cderet B.

ad bestias eo in loco ubi leo missus est · Pastor in arena dimittitur et leo foris · Leo cum impetu ueniebat · Dimissusque paulatim
ambulauit quousque ad pastorem uenit · Quem cum uidisset
agnouit · oculos cum ingenti rugitu ad populum leuauit · Deinde
5 circumiit podium et rediens bestiario assedit · Inuitat eum redire
ad sua · et non reliquit hominem · Intellexit pastor leonem sui
causa diutius stare · suspicatur illum esse cui iam in silua notus
fuit · cui et contusionem aperuerat · Dimittitur unus et alter ut
recederet · ille autem non recessit · sed defendit eum. Populus
10 ut hęc uidit mirari coepit ·' causamque de bestiario querunt ·
Cumque causam reddidisset populo · omnes suffragio magno pe-
tunt illis indulgentiam   et dimissi sunt simul · leo ad siluam et
pastor ad sua propria · Hoc notum debet esse · ut omnes homines bonas sibi reddant inuicem gratias.

15 2.   QVICVNQVE ARTEM IGNORANT · ILLI SE PRODUNT ·
        SICUT HEC FABVLA REFERT.

Equum pascentem uidit leo fortissimus in prato · hunc uero
ut subtiliter falleret se ei aproximauit · ueluti familiaris qui se
diceret medicum · Equus presensit dolum · sed tamen non repu-
20 diauit officium · Denique ut uentum est ad locum inuenit cito
ingenium · Finxit se stippem calcatum habere · leuato pede ·

1. eo—missus est] eo loco ubi fuerat (leo) C.
1—6. Pastor—hominem.] Inducitur ille bestiarius qui medicinam duxe-
rat fero a loco suo petitur leo . et qui impetu ueniebat paulatim ambulare
coepit quia pastorem uidit et agnouit . Uultum et oculos ad populum dedit
cum iugenti rugitu deinde circumdedit podium (aus: puteum) respiciens
bestiario adsedi . inuitatur ad sua redire et non reliquit pastorem C.
4. oculos] et oculos B.
6. sui—stare] causa sui stare C.
7—12. suspicatur—indulgentiam] Populi uident mirantur. Suspicatur
pastor ferum illum esse claudicantem . reddit causam populo . et suffragio
magno acceperunt indulgentiam et dimittuntur simul C.
12. et] autem C.
13. sua] fehlt C. — esse] ueritate exemplum C.
14 bonas—gratias] sibi quamlibet reddant gratiam C.
III, 2] III, 2, C. Kirchhof, 7, 43.
15. QVICVNQVE] QUI C, die ganze überschrift auf rasur.
16. sicut] sic nobis B. — SICUT—REFERT] hoc autem nobis probat
breuis aesopi fabula C.
18. subtiliter—medicum.] uidit coepit subdolus adpropinquare(ci simulans esse medicum-rasur) et familiarius ad eum cum honore accessit C.
19. tamen] fehlt C.
20. Denique—cito] (halbe zeile rasur) quaesiuit contra C.
21. se—habere] stirpe se calcasse pede ab C. — pede] pede ait C.

Frater inquit succurre . gratulor quia uenisti . libera me quia
stippem calcaui · Leo quasi patiens accessit · fraudem dissimu-
lans · cui uelociter equus calces turbulentos dedit · Cadit corpus
hostile et incubuit in terra diutius · At ubi memor sui factus nus-
quam uidit equum . intelligensque caput et faciem et toto cor- 5
pore se esse lesum · digne hęc passus sum ait · qui semper lenis
ueniebam · atque nunc quasi familiaris et medicus fallax accessi
qui inimicus ut consueueram uenire debui · Ideo quisquis hęc
audis quod es esto   et mentiri noli.

3.   DE TEMPORIBUS ET FORTVNIS AVDIEMVS SCRIPTAM 10
FABVLAM · QVI SE SCIVNT ESSE FELICES NVLLI FACIANT
INIVRIAM · DVBIVMQVE ESSE MEMINERINT QVICQVID EST
IN FORTVNA POSITVM · VT HEC FABVLA NARRAT.

Equus quidam ornatus freno ex auro et argento sella et
nacco pretioso · satis decorus membris iumentum occurrit asino 15
in angusto de longe uenienti · et onusto et quia illi transeunti
tardius dederat uiam eo quod ex itinere lassatus erat · dixisse
equus asino fertur · [4] Satis me inquit teneo · Nam te calcibus
rumperem · qui obuianti mihi non redisti aut stetisti. Terrore
illius et superbię causa tacuit miser asellus · et cum gemitu 20

---

1. quia] quod C.
2. quasi] fehlt C.
2. fraudem] quasi fraudem C.
3. Cadit] cadet C; corr. zu cadens.
4. factus] est factus C.
5. uidit] conspexit C. — intelligensque] intellexit C.
5—6. toto—lesum] seipsum ualde lesum et sic dixisse fertur C.
6. ait] fehlt C.
6—9. leuis—noli] lanio fui et hostis omni carni . uolui esse familiaris et medicus illi accedere C.
III, 3] III, 3 C. Kirchhof. 7, 54.
10—11. DE—FABULAM] fehlt C.
12—13. DVBIVMQUE—NARRAT]. Dum uiaque memineret furtunatus
esse rotam C.
14—15. sella] nec non et sella C. — decorus] decorum B.
14—15. et nacco—iumentum] pulcerrima decorus membra iuuenta C.
16. in angusto—onusto et] grauato mulis et qui forte escam paruam
habebat C.
16. illi] illo C.
17—18. eo quod—fertur] equus dixisse fertur C.
18—19. Satis me—rumperem] Satis me (cohibeo quod te calcibus non
disrumpo auf rasur) C.
19. non] (uiam) non C. — redisti aut stetisti] reddidisti C.
19—20. Terrore—causa] Terrore ac superbia illius C.

testatur deos · Deinde non longo post tempore equus ruptus
currendo nullam iam habens diligentiam macer effectus est ·
Iubet domimus ut ducatur ad uillam · et portet stercus in agros ·
Accepit ornamenta rustica · et onustus ibat per semitas · Asellus
5 ille in prato pascens agnouit equum iam infelicem quem tali sono
increpat · Quid tibi profuerunt illa ornamenta pretiosa · ut talem
haberes audaciam? Ammonet omnes hęc fabula · ne quis in potestate sua uelit aliquos terrere.

4. DE BILINGVIS HOMINIBVS AESOPVS TALEM COM-
10 POSVIT FABVLAM.

Qui se duabus partibus obnoxium commiserit · hic et illic
ingratus uiuit · et reus erit potius sibi quadrupedes cum auibus
bellum magnum gerebant · et nulla pars aliis cedebat · sed pug-
nabant fortiter moras quidem multas facientes · At uespertilio
15 dubius et graues euentus timens quia superior erat et magna
acies quadrupedum · contulit se ad eosdem quasi cum uincenti-
bus · Subito ueniens aquila in manu martis dextera exinde
uibrauit alas · et uolucribus se miscuit · Cessabant quadrupedes ·
et stetit uictoria auium · Reuersique sunt ad pristinam pacem
20 aues et quadrupedes · Vespertilio uero sententia auium dampt-
natur eo quod suos relinquerat ut lucem fugiat semper · expoli-
atusque est plumis · ut noctibus uolet nudus · Sic itaque oportet
ut patiantur qui ad alios uadunt · et suos relinquunt.

---

1. post] fehlt C. — ruptus currendo] currendo ruptus est C.
2. nullam—diligentiam] et cui nulla fuit diligentia C.
3. Iubet—ducatur] lubetur deducatur C.
3. et portet—agros] agro ut portaret stercus C.
— 4. onustus] honustus corr. aus honestus C. — per semitas] semitam C.
Asellus ille] Asinus C.
5. equum] fehlt C.
5—6. tali sono increpat] increpat talia dicens C. — illa] tunc illa C.
6—7. ut talem haberes] Nunc et tu modo fungis rusticana officia (corr.
rusticano officio). Numquid modo habes C.
7. Ammonet omnes] Admonet C. — potestate sua] potentatu suo C.
8. aliquos] zu alios corrigirt B. — terrere] ledere C.
III, 4] fehlt C. Anonym. 44. Nil. fab. 38. Rom. Nil. 27. Vincent.
spec. hist. 4. 121; spec. doctr. 3, 5. Neckam 2. Wright, 2, 10. Camerar 188.
Burmann app. 18. Dorp. B. 4. Scala celi 73. Bromyard A, 15, 31. Marie
31. Waldis 1, 34. Alberus 34. Eyering 1, 429. Avadânas 1, 154.

5. QVI ALIIS INSIDIATVR OPORTET VT IPSE TIMEAT ·
   NE EVM SVA PREVENIAT MALITIA.

In nido luscinię cum sederet accipiter ut specularetur auras ·
paruos illic inuenit pullos · Superuenit cito luscinia · et rogabat
parcere suis · Faciam quod uis inquit · si bene mihi cantaueris · 5
At illa quamuis animus excideret · tamen metu coacta et pauens
et dolore plena cantauit · Accipiter qui predam inuenerat · non bene
cantasti inquit · et apprehendens unum de pullis deuorare coepit ·
E diuerso quidam auceps uenit · et calamis lento uelato, accipitrem
contractum uisco in terram demersit · Sic et qui aliis insidiatur · 10
timere debet ne capiatur.

6. BONOS ET MALOS FORTVNA IVVAT · QVOS AVTEM
   NON IVVAT · QVARE EMVLANTUR · ET CONTRA FORTVNA-
   TOS LIVOREM IN CORDE GESTANT? HOS POST MODVM
   SVA SVBVERTIT MALITIA · CONTRA QVOS AVCTOR TALEM 15
   COMPOSVIT FABVLAM.

Lupus predam multam in cubili congregauerat per tempus ·

III, 5] III, 4 C. Anon. 45. Nil fab. 39; Rom. Nil. 28. Odo .. Vincent .
spec. doctr. 4, 114. spec. hist. 3, 6. Camerar. 189. Wright 2,11. Bromyard,
N, 4, 1. Scala celi 73. Burmann app. 19. Marie 57.
   1. ALIIS] ALII C.
   2. OPORTET—MALITIA] CAUEAT NE CAPIATUR C.
   3. sederet] sedisset C. — ut] et C. — accipiter] acceptor C, wie durchgehends.
   4—5. paruos—parcere] (nachgetragen: inuenit pullos. uenit luscinia.)
et petit parcere C.
   5. suis] pullis suis B C.
   5. Faciam] et ait acceptor faciam C. — uis] rogas C. — bene mihi]
mihi bene C.
   6. at illa] Luscinia C — animus excideret] excederet animus a corpore C. — tamen] tanto C. — coacta] tamen C.
   6. et—plena] fehlt C.
   7. predam inuenerat] ad predam insolens uenerat ait C.
   8. et apprehendens] apprehendit C.
   8—10. pullis—demersit.] pullis suis et cum illum deuorat auceps ca- ·
lamo uelato (uenit) . captus acceptor uisco ad terram mereus cecidit C.
   9. E] ex B.
   9. lento uelato] lentoue luto B.
   10—11. aliis—capiatur] alio insidiatur oportet ut et ipse pereat C.
   III, 6] III. 5 C. Anon. 46. Nil. fab. 40. Burm. app. 20. Dorp. B. Camerar.
190. Boner 55. Waldis 1, 35. Wolgemuth 78. Bromyard J, 6, 29. Eyering
2, 42. Grimm, RF. 354. Tuti Nameh 2, 125.
   12—16. BONOS—FABULAM.] DE DELATORIBUS. Qui per potentiam
rapinis superuenientibus spernit pauperem . hanc nosse debet fabulam C.
   17. Lupus—tempus] Praedam in cubile multam sibi lupus congregauerat C.

ut plures menses haberet quo posset deliciatus uiuere · Vulpis
ut hec agnouit uenit ad eius cubile emula cius · et dixit lupo
quia meo merito non uidi te per tot dies tristis fui · et quia non
uisitasti me · Cui lupus ut agnouit liuorem · ait · Non de me
5 sollicita uenisti · sed ut aliqua rapias · Non grata es · quia uenisti ·
scio enim te fraudem petere · His uerbis irata uulpis pastorem
ouium adiit · Ages mihi gratias inquit · si tibi inimicum gregis
tui in manus hodie tradidero · ut iam non sis sollicitus? Pastor
ait · Ego seruiam tibi · et tribuam si quid uolueris · Tunc clau-
10 sum ille ostendit lupum · Quem lancea ille peremit · et emula
se de alieno satiauit · Deinde ipsa in uenatorem cum incidisset ·
comprehensa a canibus atque laniata sic ait · Jam ego mala feci
et male modo pereo · quia alterum lesi. Sic homines timere
debent ne aliquem ledant.

15   7. ALIQUANDO LAVDAMVS INVTILIA · VITVPERAMVS
          BONA ET QVAE NECESSARIORA SVNT.

Ceruus bibens de fonte · sua cornua magna ut uidit · nimium
laudare coepit · Crura uero tenua uituperauit · Cum hęc ceruus
ad fontem faceret · uenatoris uocem audiuit · et canes repente

---

1. plures menses] pluribus mensibus C. — quo] unde corr. aus quae C.
1. deliciatns] securus C. — ut] ut ut A.
2—3. emula—uidi te] adtendi loci . Inquit merito te non uidi C.
3—4. tristis—ait] et plus huc ueni . at lupus ait ad eam C.
5. rapias] eripias cyborum C.
5—7. Non grata—adiit] Uulpis ut haec audiuit (pastori ait) C.
7. Ages] corr. zu agis aus aue C.
7. inimicum] iniquum C.
8. tui—hodie] fehlt C.
8. tradidero] nachgetragen C. — ut—sollicitus] fehlt C.   ʼ
9. seruiam tibi] superueniam C.
10. ille] fehlt C.
10. peremit] confecit C.
10—14. et emula—ledant] fehlt C.
III, 7] III, 10 C. — Phaedrus, 1, 12. Anonym. 47. Nil. fab. 41. Rom.
Nil. 29. Vincent. spec. doct. 4, 116; spec. hist. 3, 4. Wright, 2, 12. Scala
celi 76. Neckam 33. Bromyard D, 9, 20. Ysopet I, 44; II, 32.
15—16. ALIQVANDO—SVNT] ursprünglich, nach dem index: DE
FONTE CERUUS BIBENS; auf der rasur: Quod aliquando laudamus mala
et uituperamus bona C.
17. de fonte] steht vor ceruus C. — magna ut] fehlt C.
17—18. nimium] nimis C. — uero] fehlt C.
19. faceret] fehlt; beigefügt ageret C. — uenatoris] uenatorem C,
corr. zu uenatorum.
19—69,1. uocem—latrare] subito uoces canes repente latrare ceperunt C.

latrare · Fuga ceruus per campum dicitur euasisse molos At ubi
silua eum suscepit · magnitudo cornuorum uenantibus eum reti-
nuit · Tunc mortem suam uidens ait · Quae mihi erant utilia
uituperaui · et deceptiosa laudaui · Sic et nos laudamus sepe
inutilia et uituperamus bona.   5

8. DE PERSONIS FEMINARVM AVCTOR PROPOSVIT FABVLAM.

Diis deabusque presentibus iuno laudauit castitatem · eam-
que persuadebat · et melius esse ut femina uni [uiro] esset con-
iuncta·proprioque suo sufficeret · Sic uenus iocandi causa inter
posuit gallinarum dicta · Cum interrogaret patientem et tacitur- 10
nam domesticam suam gallinam quanto posset satiari cibo? illa
dixit · Quodcunque accepero habundat mihi · et e contra scalpo
· Venus contra huic galline dicitur coram ipsis dixisse? Ne
scalpas · do modium tritici · et gallina sic ait ueneri · Si hor-
reum mihi patefacias · tamen scalpam · Vbi risisse dicitur iuno 15
dictum ueneris a gallina · per quae agnouerunt dii feminis fieri
similia · Sic deinde iuppiter coepit multa addere et dicere·Femina
nulla · se importuno negabit· Deinde et uenus cum marte · inde
et cum uulcano · et ut potuerunt ceterę multę · Sic et hodie
plures feminę didicerunt maritis imponere.   20

9. CASTA EST ILLA MVLIER QVE IMPORTVNVM NON PATITVR · VNDE SIC AVCTOR HVIVS TITVLI PROSEQVITVR FABVLAM.

Femina quę amiserat uirum contulit se ad mausoleum ubi

1—2. Fuga—suscepit] Ceruus currens euasit malos in silua (rasur) C.
1. molos] molossos C.
3. Quae—utilia] utiliora mihi C.
4. et deceptiosa] deceptiosaque C.
4—5. Sic—bona] Deinde credo dictum . Noli laudare ne habeas quod
uituperes C.
III, 8] III, 11 C. Phaedrus Jan. 1, 10. Nil. S. 137. Marie 103.
6. DE—FABULAM.] urspr., nach index: DE DECEPTIONE LAUDIS ;
auf der rasur, wie immer, von zweiter hand: DE PERSONIS MULIERUM
MARITARUM C.
8—9. Diis—coniuncta] Castitatem laudans iuno diis deabusque presentibus persuadebat esse melius ut femina uno esset (uiro contenta) C.
9. uiro] fehlt AB.
9. inter posuit] interrogauit C.
10. Cum interrogaret] interrogauit C.
11. domesticam suam] fehlt C. — illa] fehlt C.
12. habundat mihi] satis mihi abundat C. — e contra scalpo] et contra
scalpo pedibus C.
13—20. Venus—imponere.] EXPLICIT LIBER III. C.
III, 9] fehlt C. Phaedrus Jan. 1, 14. Petronius, Satyr. 111; 112. Keller.
VII sages. CLIX.; Dyocl. Einl. 49. Robert 2, 424.
22. PROSEQVITVR] PROSEQUETUR B.

maritus erat positus ut lugubres illic ageret dies · Contigit in-
terea ut aliquis peccasset · et de lege accepit sententiam ut sus-
penderetur in cruce · Custos illi ponitur miles · ne a suis nocte
furaretur · Qui cum obseruaretur per uices · siti fatigatus accessit
5 ad mausoleum · aque pusillum rogans · Accepit · bibit · et exinde
habiit · Cumque ille uideret feminam pulcram · rediens consolatur
eam · Iterum sic fecit et tertio · Dum illuc sepe ab amica uocatur ·
subtrahitur ille qui in cruce pendebat · Miles rediens non inuenit
crucidatum · confugiensque ad pedes mulieris uolutare se coepit ·
10 Cui sic ait · Quid agam · uel quid faciam? At ille · Subueni
inquit mihi · a te quero consilium · Illa misericors facta militi
maritum [4b] de loco leuauit · et in cruce noctu suspendit ·
Celatum furtiuum facinus misericordia pro tanta · quia miles
potuit officiari mulieri · Mulier non erubuit de officio suo · et quę
15 iam casta dudum fuit · scelus utrumque admisit · Habeant
mortui quod doleant · et uiui quod timeant.

10. DE MERETRICIBUS AVCTOR TALEM NOBIS REFERT FABVLAM · QVIA IMPUDERATAE FEMINAE PER INGENIUM SE IMPONUNT VIRIS.

20   Quędam meretrix quę erat perfida multis · cum blandiretur
iuueni quem sepe afflixerat iniuriis · et ille facile se prebuisset
propter usum · mulier sic ad eum dixit · Licet multi muneribus
super me contendant · ego uero satis te amo et plus diligo · et
iuuenis memor quotiens ab ea deceptus fuerit · tamen benigne
25 respondit · Ergo inquit tu mea lux · non quod mihi fidem ser-
uaueris · sed quod mihi iucunda es · Sic uerbis se deluserunt ·

III, 10] IV, 1 C. Phaedr. Janelli 1, 28. Anonym. 49. Nil. S. 112.
17. TALEM NOBIS] NOBIS TALEM B.
17—19.DE —VIRIS.]INCIPITLIBER QUARTUS AESOPIFABULARUM.
DE MERETRICIBUS . Inportunam esse famam uiri lasciue et inponderate
femine C.
20. que—perfida] pessima quae fuerat perdita (in) C.
21. quem] fehlt C. — afflixerat] leso C.
21. et—prebuisse] tamen prebuit facile C.
22.mulier—dixit]mulierisquemcum illo essetsicaitC. - multi]multis C.
23. super—diligo] pluramo . et C.
24. ab ea] fehlt C. — fuerit] fuerat C.
24—25. tamen benigne] benigne tamen C. — Ergo] Et ego C. — tu mea
lux] me alui C.
25—26. seruaueris] seruas C. — mihi] fehlt C. — es] sis mihi C.
26—71,2. Sic-expoliant] De bonis meis ingrederis uerbis sermonem
inuicem se luserunt . Petit illa si uolebat premium quod ultra se obtulit .
Ille autem amplius dedit sino offendas ait C.

Nam simplices homines et si forte nudos inuenerint   sic expoliant.

11. QVOSDAM MINORES SEPE OPORTET DOMARE · QVIA MAIORES DIFFICILE DOMARE EST.

Quidam pater familias seuum filium habebat · Nam foris 5
quotidie manebat · et serui pro eo uapulabant · Tunc sic auctor
ait per fabulam · Quidam homo rusticus iunxit uitulum maiori
boui · Vitulus uero calce et cornibus eiciebat iugum a ceruice ·
Bouem uero cum terreret uitulus · rusticus boui sic dixisse fertur · Non ut labores inquit te iungo · sed domitare uolo minorem · 10
Nam calcibus uagis et cornu cum aliquos leserit · lapidibus et
fustibus debilitatur · Ita oportet quemquam filios suos minores
domare.

12. DE DVOBVS MALIS AVCTOR TALEM SVBIECIT FABVLAM ·
MALVS PEIOREM NON LEDIT NEC INIQVVS INIQVVM   15
SVPERAT.

In officina cuiusdam fabri introisse dicitur uipera · Dum
quereret aliquid ciborum · rodere coepit limam · Tunc lima
ridens · ait ad uiperam · Quid uis improba tuos ledere dentes?
Ipsa sum · quae consueui omne ferrum rodere · sed et si quid 20
forte est asperum · fricando facio lene · quae si angulum tersero ·

III, 11] IV, 15 C. Phaedr. Jan. 1, 11. Anonym. 50. Nil. S. 137.
3—4. QVOSDAM—EST.] DE FILIIS INDISCIPLINATIS. (quod minores nimium infectos oportet domare cum maioribus.) C.
5. habebat] (habebat qui omne iustum fugiebat errans et) C.
5—6. Nam—eo] Serui cotidie C.
6—13. Tunc—domare]. Aesopus talem fabulam coepit narrare. Senex
quidam rusticus uitulum iungebat boui . iugum uitulos cornua exuebat
ceruicem . Boue iugum cum orreret uitulus . Rusticus dixisse fertur . non
ut laboretis sed ut uoluntare ne uages calces et cornum . cum forte aliquos
leserit in merens pereat C.
III, 12] IV, 8 C. Phaedrus 4, 8. Anonym. 51. Nil. fab. 42. Aesop.
Kor. 184. Neckam 16. Dorp. B. 5. Barth 1, 26. Marie 83. Waldis, 1, 37.
14. AVCTOR—FABVLAM] fehlt C.
16. superat] (fehlt, angefügt.) durus ad durum non heret . Deinde
aesopi audi fabulam C.
17. officina] officinam B.—In—fabri]fehlt; nachgetragen C.—introisse]
Uenisse C.
17—18. Dum] cum C. — aliquid] aliquo C. — ciborum] cybum C.
18—19. Tunc lima] Illa quidem C. — ad uiperam] fehlt C.
20. Ipsa] Serpens uero dixit . Ipsa C.
20—21. sed—est] et quodcumque C.
21. facio] facere C. — quae] quod C.
21. tersero] torsero C.

si quid ibidem est ipsa pręcido · Ideo cum acriore mihi certandum est.

13. DEFENSOREM ET PATRONVM NON EXPEDIT RELIN
QVERE · DE HOC AVCTOR TALEM FABVLAM DIXIT.

5 Oues et lupi inter se bellum gerebant · ita ut nulla pars
alii cederet · Illę oues erant plures · et cum eis canes et arietes·
Visum est signum uictorię esse ouium · Tunc lupi legatos mittunt pacem petentes iurando · si canes obsides darent · et oues
catulos eorum ab eis acciperent · Ita fecerunt · et iurando fidem
10 dederunt illis · Ouibus in pace positis · lupini catuli ululare coeperunt · lupi natos uexari putantes ueniunt undique · simul
dicunt pacem ab illis ruptam · Hęc dicentes . oues laniare coeperunt · nullo tutore adiutorium pręstante · nullo patrono
defendente.

15 14. AVXILIVM HOSTI DARE SVAM NECEM FACERE EST ·
SICUT HEC PROBAT FABVLA.

Securi facta · homo postulabat ab arboribus · ut illi manubrium darent de ligno quod esset firmum · Omnes oleastrum
.iusserunt · Sumpsit homo manubrium abhastatum securi · et
20 ramos ac robora magna · omniaque quę uoluit coepit indubi

---

1. quid ibidem est] quidem C. — praecido] praescido B. — Ideo—est]
fehlt. von zweiter hand angehängt: Quapropter uide ne hic aliquid amittas.
scio quod nihil hinc portas C.
III, 13] IV, 9 C. Kirchhof, 7, 39.
3. DEFENSOREM] DE OUO ET LUPO. (Defensorem — wie der rest
der überschrift nachgetragen) C.
3—4. EXPEDIT—DIXIT] (oportet omittere) C.
5. bellum] steht vor inter C.
5—7. ita—ouium] uictoria ouium fuerat prebentibus tutelam canibus C.
7. Tunc] fehlt C.
8. iurando] vor petentes C.
8. si] ut C.
8—9. et oues—fecerunt] oues C.
10. dederunt illis] canes illis dederunt C.
10—12. Ouibus—dicentes] postea lupi pace rupta C.
13—14. adiutorium—defendente] nullo defensore (zwischen rasuren) C.
III, 14] IV, 10 C. Kirchhof, 1, 23.
15—16. AUXILIUM—FABULA] DE SECURI ET MANUBRIO (dantes
auxilium hostibus) C.
17. Securi] Aliquanti suis pereunt . Homo secura C.
17—18. homo—manubrium] ab arboribus postulauit manubrium ut C.
19. iusserunt] iusserunt dare C. — Sumpsit] accepit C.
19. abhastatum securi] apta secure C.
19—73,1. et ramos—incidere] robora cepit decidere magna truncabat
et cliebat C.

tanter incidere · Tunc quercus fraxino ait · Digne et bene patimur · qui roganti hosti nostro manubrium dedimus · Ideo quisque caute cogitet · ne hosti aliquid praestet.

15. QVAM DVLCIS SIT LIBERTAS · AVCTORIS BREVITER
NARRAT FABVLA. 5

Omnis libertas · actus bene agendi est · Nam in liberis est
seuitia · in seruis uirtus et gloria · Pollere euim sepe uidemus
seruos · et pro nihilo esse liberos · sicut canis et lupus dum
conuenissent in siluam · ait lupus cani · Vnde frater sic nitidus
et bene pinguis es · Canis sic dixit lupo · Quia sum custos 10
domi contra latrones uenientes · et nullus passim ingreditur
noctu · Si forte fur uenerit illum annuntio · adfertur mihi panis
dat ossa dominus · similiter et ceteri · amat me tota familia ·
proiciunt mihi quicquid illis superat · Quod fastidit unusquisque
ciborum mihi porrigit · Ita uenter impletur · me blanditurus sub 15
tectis cubo · Aqua non deest mihi · Sic otiosus uitam gero · Et
lupus · Bene inquit frater · Vellem ista contigerent mihi · ut
otiosus saturer cibo et sub tecto melius uiuerem · Deinde canis
lupo ait · Si uis ut bene tibi sit ueni mecum · nihil est quod
timeas · Cum ambularent simul · uidit lupus cani collum catena 20

---

1. Tunc—ait] Sic quercus (fraxino) dixisse fertur C.
2—3. qui—praestet.] quia manubria dedimus C.
III, 15] IV, 7 C. Phaedrus, 3, 7. Pauli 433.
4. QVAM] DE CANE ET LUPO. (Quam, wie der rest der überschrift von zweiter hand) C.
4—5. AVCTORIS—FABULA.] hec fabula probat C.
6—9. Omnis—siluam] Canis pinguis occurrit lupo . cum se gratiose
salutarent C.
9—10. nitidus] nites C. — es] fehlt; nachgetragen C. — sic—lupo] autem
lupo dixit C.
11. contra latrones] latrones contra C.
11. et nullus] nemo C. — noctu] fehlt C.
12. Si—annuntio] forte furem uuntio C.
12—13. mihi] ultro C. — panis] panis mihi C. — dat] donat C.
13—14. similiter—illis] a mensa et ceteri proiciunt . similiter et familia
si quid eis C.
14. Quod] et quod C. — unusquisque] quisque C.
15. porrigit] porrigent C.
15—19. Ita—tibi sit] sic sine labore uitam gero et uenter impletur meus
securus . latra tecta cubo (aus cibo corr.) aqua non deficit mihi . Et lupus
inquid . Benigne inquid frater utinam ista contingat mihi . quanto facilius
mihi est ociosus satiari cibo bono et sub tecto meo beatius uiuere et cetera
larga quae narras . Tunc canis lupo si tibi uis bene C.
18. saturer] saturarer B.
20. cum ambularent] ambulantibus C. — cani] fehlt C.
20. collum catena] aus collo catenam corr. C.

attritum · et ait · Quid est frater? Dic quod iugum attriuit
collum tuum · Et canis · Quia sum acrior inquit interdiu ligor ·
noctu soluor · Intra domum sum uagus · ubi uolo illic dormio ·
Et lupus e contra cani · Non est mihi opus ait fruere quę lau-
5 dasti · Viuere uolo liber ad quodcunque euenerit mihi · Liber
ubi uolo peragro · nulla catena me tenet · nulla causa impedit ·
Vię mihi patent in campo · aditus in montibus · nullus mihi
timor · de grege primus gusto. canes ingenio deludo · Tu uiue
ut consueuisti · ego quam consueui uitam ago.
10 16. QVI SVOS STVLTE DESERIT · SE. POTIVS DECIPI SCIAT.
Nemo aliquid ualet sine suis · ut partes corporis humani
de quibus dicitur indignatas esse manus et pedes · et uentri
cibum dare noluerunt · eo quod sine ullo labore quotidie repleretur
sedens otiosus · Vnde grauiter indignantes aduersus eum
15 manus et pedes laborare noluerunt ei negauerunt seruitium ·
Venter uero esuriens clamabat · At illę · per paucos dies nihil
ei dare uoluerunt · ieiuno autem uentre omnia membra lassa-
uerunt · Postea uero cibum dare uolentibus recusauit uenter ·
quia iam clauserat uias · Sic membra et uenter simul lassa in-
20 tereunt.

---

1. attritum] perfrictum C.
1—2. Quid—tuum] Dic mihi frater quid hoc est C.
2. Et canis] Deinde canis dixit C. — inquit interdiu] in die C.
3. noctu] nocte C. — Intra] et intra C. — sum uagus] fehlt C.
3. dormio] dormio clausa inter omnia C.
4. e contra] fehlt C. — cani] sic contra C.
4. opus] fehlt C; nachgetragen. — ait fruere que] ut fruar quae tu C.
5. quodcunque—mihi] quod euentus atulerit C.
5—6. Liber—peragro] Dulcirem libertas in agro meo quibus partibus uolo C.
6. impedit] fehlt; nachgetragen C. — Vie mihi] uiam uel semitam C.
7. mihi] est C.
8—9. Tu—ago] Uiue tu ut consuesti et ego sequor ut consueui uitam C.
III, 16] IV, 11. C. Kirchhof, 5, 122.
10. QVI—SCIAT] DE PARTIBUS corporis C.
11—12. Nemo—quibus] von zweiter hand nachgetragen C.
12. dicitur] dicitur olim C. — esse] fehlt C.
12—15. manus—seruitium] (manus ac pedes et noluerunt auf rasur)
uentri dare cibum suo labore et pedes laborare non nouerunt C.
16. uero] fehlt C.
16—17. At—ei] ad illi nihil paucos dies C.
17. ieiuno—lassauerunt] fehlt C.
18. cibum—uolentibus] uolentes cibum uentri C. — recusauit uenter]
recusat C.
19—20. quia—intereunt] Sic quidem uenter quia iam clauserat uias
(corr: ucuas) membra et corpora simul (rasur) intereunt. Illos admonet
fabula qui stultitiam suam despiciunt C.

17. INTER DIVITEM ET PAVPEREM · TALIS DICITVR FABVLA.

Rogabat simius uulpem · ut de magnitudine caudę suę sibi
daret · unde natos suos turpissimos tegere posset · Quid enim
inquit utile est tibi ut sis ponderosus sine causa · tantęque lon- 5
gitudinis cauda tua quam per terram trahis? [5] Cui uulpis dicitur dixisse · Vtinam longior esset et maior · ut per terram illam
traherem siue per petras et spinas et lutum · ne tu meo tegumento
pulcrior uidearis et locuples · O auare · te nunc increpat fabula ·
qui non das quod tibi superat. 10

18. MVLTI POST MORTEM VEXANTVR · VT PROBAT HAEC SIMILIS FABVLA.

Fuit quidam negociator in uia cum asello festinans nundinas
ingredi · Onustum autem animal flagello et fuste cedebat · ut
ueniret citius lucri causa · Asellus uero optabat mortem · putans 15
se post mortem esse securum · lassus et quassatus moritur ·
Statim de illius pelle facta sunt tympana et cribrella quę semper

III, 17] IV, 12 C. Phaedrus Jan. 1, 1. Anonym. 56. Nil. fab. 46. Rom.
Nil. 36. Vincent. spec. doctr. 4, 115; spec. hist. 3, 7. Scala celi 19.
Wright, 2, 19. Dorp. B. 6. Burm. app. 22. Marie, 36. Waldis, 1, 41.
Haupts zeitschr. 7, 352.
1—2. INTER—FABVLA.] DE DIVITE ET AVARO (corr. ET PAU-
PERE) C.
3. simius] corr. zu simia C.
3—4. sue sibi] illius C. — natos] corr. zu nates C.
4. tegere posset] coperiret C.
4—6. Quid—trahis] quid est opus sine causa tanta longitudine? C.
6. quam] qua A.
6—7. dicitur dixisse] dixisse fertur C. — Utinam] fehlt; (non curo
nisi) nachgetragen C.
7. esset] fiat C. — per—traherem] ut eam traham ad terram C.
8. petras—lutum] lutum et spinas C. — tu] fehlt C.
8—9. tegumento] tegmine, überschrieben ornamento C. — et locuples]
fehlt, rasur C.
9—10. O—superat] Haec fabula increpat (illum) qui non dat quod sibi
super habundat C.
III, 18] IV, 13 und 5 C. — Phaedrus. 4, 1. Anonym. 57. Nil. fab. 47.
Vincent. spec. doct 4, 118. spec. hist. 3, 7. Camerar. 192. Scala celi 53.
11. MVLTI] DE HIS QUI POST MORTEM UEXANT BONOS (aus bonis
corr.) multi C. — UEXANTVR] uexantur bonis (zu uexant bonos corr.)
C. — UT—FABVLA] fehlt C.
13. Fuit] fehlt C.
14. ingredi] (rasur). Ingreditur C. — autem] vor onustum C.
15. uero] plagis et uia lassus C. — mortem] ut moriretur citius C.
15—16. putans se] putabat C. — esse securum] securus esse C.
16—17. lassus—statim] deinde cum mortuus fuisset C.

battuntur · et qui putabat post mortem se esse securum · etiam post mortem ceditur.

19. FUGIENTES NON SINT SECVRI SVI · SED FORTVNA SALVANTVR SICVT HAEC REFERT FABVLA.

5 Ceruus perturbatus strepitu uenatorum et tremefactus · ut uenatores euaderet in proximam uillam fugit · et se in stabulum coniecit · referens boui ob quam causam fugeret · Et bos ad eum sic ait · Vt quid uoluisti miser huc ad necem tuam currere? Melius te silua celasset aut ungula quateres campum · quam huc 10 deuenires · At ille contra supplex · uos me modo inquit celate tantum · dum erit sero · eo ubi uolo securus · Haec cum loquitur · obscuro se condidit loco · Cumque foenum et frondes et omne genus pabuli bubulci stabulo reponerent · ceruum non uiderunt · Sic et ingredientes illic · Transiit et maior uille qui omnia 15 lustrabat · nec ipse ceruum uidit · Tunc gaudens fera gratias egit bouibus quod fugientem celarent · Tunc unus ex illis ait

75,17–2.tympana-ceditur.] dies stück ist als besondere fabel IV,5 gezählt, überschrieben: DE MAGNO TIMORE. ubi timor magnusest.grauis terror. nihil est. ubi fuerit ignis et flamma illic (erit) magna fauilla. tymphana et cymbalam que semper battuntur et qui putabant post mortes esse quasi securi non desunt plngo (corr. zu: desiuunt plangere) mortui. Am rande ist von der zweiten' hand beigeschrieben: Qui hic flagella nolunt patienter sustinere. post mortem percutiuntur assidue ut asellus qui optabat propter onera mori et de pelle eius facta suut timpana et cribellu C.
III, 19] IV, 6 uud 16 C. Phaedrus, 2, 8. Kirchhof, 7. 106.
3—4. FVGIENTES—FABVLA.] DE LUCRIS UENIENTIBUS. (zweite hand: Qui fuga uon possunt fortuna non saluantur.) Deus cui uult fauet et qui eum diligunt lacrimis sine labore gaudent. Ita ostendit haec fabula C.
5. et tremefactus] cecus uero timore factus C.
6. in proximam] Maximam C.
6. fugit] petiit C. — stabulum] bouile C.
7—8. referens—ait] Huic bos dixisse fertur C.
8. Ut] fehlt C. — miser] fehlt C. — tuam] fehlt C.
8—9.currere] uenire C. — Melius—celasset] silua te melius celabat C.
9—10. quateres] leuis corr. zu leuares per C. — deuenires] uenires C.
10. contra] respondit C. — uos—celate] quid uos mihi parcite C.
11. dum—uolo] cum dies abierit uespere cum coeperit ibo C.
11. loquitur] illis diceret C.
12. foenum] pabulum C.
12—13. et omne genus pabuli] fehlt C.
13. reponerent] reponunt C.
14. et] etiam B. — ingredientes—uille] iugrediens ille maior uici (auf rasur) C.
15. lustrabat—uidit] lustrat cernum inter boues (rasur) conspexit C.
15. fera] ceruus C.
15—16. gratias egit] agebat gratias C. — fugientem celareut] fugienti locum darcut suam fidem seruantes C.

ceruo · Saluum te seruabimus · si ab illo non uidearis qui centum habet oculos · Nam si te ille uiderit · statim uitam eripiet tuam · Cumque ḥẹc bos cerui diceret · ecce ingreditur dominus · Et quia nuper uiderat pro negligentia boues suos esse macilentos · Accessit uidere presepia · Quẹ ut uidit inania esse et 5 pabulum contra positum · dum irascitur bubulcis assumit ipse frondes · et statim uidit erecta cerui cornua inscius · et ait Quid est hoc? Vocauit ad se bubulcos . quẹrit unde ceruus esset · Illi nescire se dixerunt · Et quomodo huc uenit inquit ad stabularium? Omnes plena fide iurant se ignorare · Gaudet domi- 10 nus de ceruo · nullus uenit quẹrendo · Miratur de hoc cum suis · per aliquot dies · Ḥẹc fabula probat dominum plurimum posse in omnibus rebus uidere.

20. ET LOQVI POENA EST · ET TACERE TORMENTVM · VT PROBAT HEC SUBIECTA FABVLA. 15

Cum sibi ferc regem fecissent fortissimum leonem · uoluit ille mores regum bona fama consequi · renuncians prioribus factis · et mutauit consuetudinem pecus ullum se non ledere · Sine sanguine cibum sumere · Sanctam et incorruptam iurauit se

---

1. ceruo] aus fero corr. C. — seruabimus] quidem uolumus sed C.
2. te ille uiderit] ille te ocultum uideret C. —,eripiet tuam] tuam eripit C.
3. Cumque] Cum C. — bos cerui diceret] bouis et ceruus agunt C. — ecce] fehlt C.
3. dominus] stabulum C.
4—13. Et quia—uidere] das entsprechende stück folgt als besondere nummer, IV, 16, mit der überschrift: DE LIBERTATEM. Quam dulcis est libertas breuiter uobis exponam . Dominus et auia uiderat nuper maculentus accessit uidere presepia alimenta boum inanes pubulum contra repositum . Dum hoc iurgant curatores et loca pabulis considerat uidit alta ceruice cornua et scius si quid hoc est ait uocat ad se suos bubulcos querit cuius esset ceruus et quomodo ille uenire nescire se omnes dixerunt . Stultum esse suos plena fide negant non nosse et quod ullus quærsit foret gaudet dominus huic rei. Illud significat haec fabula . Dominus plurimus uidere in rebus suis . EXPLICIT LIBER QUARTUS C. (Ohne jede correctur der zweiten hand.)
III, 20] IV, 2 C. Phaedrus, 4, 13. Gesta Romanor. Fridolin.
14. ET] DE TACITURNITATE HOMINIBUS. Et C.
15. VT—FABVLA.] Proda autem est cunctis qui de banc re sententiam sed sine paenitentiae solet agi sinceritas C.
16—17. Cum—consequi] Cum se ferarum rege fecisset fortissimus leo et aequatis fama consequi more regum uellet C.
17. renuncians] Renunciauit C.
18. factis] actis C. — et mutauit] mutans C. — pecus—non] ullo pecus C.
19. Sine—sumere] contentus sanguine cibum C.

fidem seruare · Postea ut habere coepit de hac re potentiam · et
mutare non posset naturam · coepit aliquos ducere in secretam
fallaciam · et querere si ei os puteret · Illos qui dicebant putet ·
et qui dicebant non putet omnes tamen laniabat · ita ut satura-
5 retur sanguine · Cum multis hoc fecisset · postea symium inter-
rogabat si putorem haberet in ore · Ille quasi cynnamomum dixit
fragrare · et quasi deorum altaria · Leo erubuit laudatorem · sed
ut deciperet inuitauit fidem · et quesiuit fraudem · atque languere
se simulauit · Continue uenerunt medici · Qui ut uenas consi-
10 derauerunt · pulsum sanum ut uiderunt · suaserunt ei sumere
cibum aliquem qui leuis esset et tolleret fastidium pro digestione
· ut regibus omnia licent · Ignota est inquit mihi caro simii ·
uellem illam probare · Vt est locutus · statim necatur beniloquus
symius · ut eius carnem cito escam sumeret · Vna enim est poena
15 loquentis · et non loquentis.
EXPLICIT LIBER TERTIUS · INCIPIT QVARTVS.
1. VERBIS MATVRET FACINVS QVI NON POTEST VIRIBVS ·
DE QVA RE AVDI FABVLAM.
Fame coacta uulpis uuam sursum pendentem aspexit in alta
20 uinea. ad quam peruenire uolebat alto gradu se excutiens · Quotiens

---

1. fidem seruare] seruare fidem C.
1. ut] quam C. — hac re] hauc re C. — potentiam et] pententiam C.
2. posset] potuit C. — coepit] et coepit C. -- aliquos] fehlt C.
2—3. secretum fallaciam] secreto singulos ad fallatia C. — querere—
puteret] os sibi putire narrabat C.
3—5. Illos—sanguine] Uerum mendacium dicente laniebatur ut satu-
raretur C.
5. Cum] Hacc cum C. — hoc] fehlt C.
5-6. interrogabat] interrogat C. — putorem] foetitum C. — in ore] os C.
6. quasi] uero C. — cynnamomum]cimmamum C. — fragrare] olere C
— fragrare] fraglare AB.
7. Leo erubuit] Tunc erit C.
7—9. sed—simulauit] ut lederet aues fraude esse finexit languidum C.
9—11. Continue—digestione]Continue querunt medici potius clini uberi
passim ullique genus tantis autem uenius erat pulsus me narrabilis suadetur
sumere cibum aliquem inquietem et qui ei leuaret fastidium C.
12. inquit—simii] mihi inquid simii caro C.
13. uellem illam probare] Hanc uellem ignoro quid sit hanc sapor C.
13. necatur] rapuit C.
14. ut eius—non loquentis.] offeretur ut regi esset iussum et statim
lauiatur ab eo C.
16. EXPLICIT—QUARTUS] fehlt C.
16—18. VERBIS-FABVLAM.] DE NATURALE GENUS. Quam C.
IV, 1] V, 3 C. Phaedrus, 4, 3. nachweisungen bei Robert, Lafontaine 3, 11.
19. sursum] fehlt C.
19. aspexit] uidit C. — alta uinea] sursum in altam uineam C.
20. alto—excutiens] fehlt C.

hoc uoluit · adtingere sursum non potuit · Irata · dicitur dixisse
· Nolo te acerbam et immaturam · et quasi nolens eam tangere
abiit · Ita qui nihil facere possunt · uerbis tantum se posse et
nolle ostendunt.

2. INGENIO QUEMQUAM FACERE QVOD VIRIBVS NON POTEST BREUITER INSTRUIT HEC FABVLA.

Mustela quę fuerat senex · et mures iam non sequebatur ·
inuoluit se in farina et loco obscuro se condidit · uolens de innocentibus sine sui labore predam facere · Venit miser ignarusque
mus · quandam herbam putans · preteriit innox et merens · Alter 10
similiter capitur · Deinde et tertius · Postea uenit maior annis et
cautus qui omnem iam nouerat muscipulam caueas et laqueos
arcentes · et cetera deceptionis ingenia · Cumque hostis insidias
uideret · dixisse fertur · Inducis quidem mures et deuoras innocentes · me tamen non captabis improba · qui omnia tua noui 15
ingenia.

3. QVI HABET VERBA BLANDA INFIDELIS PECCATOR EST VT HEC FABVLA NARRAT.

Cum persecutionem fugeret impius lupus celeriter · et a
bubulco esset uisus qua parte fugeret · et in quo loco se celaret 20
· timore plenus bubulcum rogabat de hoste suo · Oro te per
omnes spes tuas ne me persequenti tradas · cui nihil fecisse iuro
· et bubulcus ait lupo · Ne timeas · esto securus · in aliam ei
partem te fugisse dicam · Venit persecutor · rogans ostendi sibi
lupum dicens · Peto te bubulce si uidisti ait huc uenire lupum? 25
Vbi sit ostende · et bubulcus · Venit quidem · sed sinistra parte
habiit · Illic deorsum quęre dixit · sed dextera oculis adsignat
persecutori loca · At ille non intellegens · festinans abiit · Tunc
sic bubulcus lupo ait · Et quidem gratum habes quod te celauerim?
et lupus e contra bubulco ait · Linguę tuę gratias ago · sed oculis 30
tuis fallacibus magnam cecitatem opto · Hęc illos increpat fabula
· qui bilingues esse uidentur.

---

1. hoc uoluit] se iactauit C. —attingere—potuit.]ex alto et non ualuit C.
1. dicitur dixisse] dici fertur C.
2—3. acerbam—ostendant] inquid manducare aceruam sed reuertar
ad te postea dum eris matura . Sed qui non potest uiribus uerbis se maturat
facious C.
IV. 2] fehlt C. Phaedrus, 4, 2. Nil. S. 139. Dorpius C. 4. Robert 1. 216.
IV. 3] fehlt C. Nil. fab. 50. Rom. Nil. 3S. Wright, 2, 21. Neckam, 22.
Bromyard C, 6, 13. Burm. app. 23. Marie 42. Abrah. a S. Clara, Judas 3, 257.
22. fecisse] me fecisse B.

[5 b] 4. QVOD VNICVIQVE CONCESSVM EST HOC VTATVR ·
SICVT HAEC NOBIS AVCTORIS FABVLA NARRAT.

Pauo ad iunonem uenit iratus et indignans ferens
quod luscinia cantaret et humana cognosceret · et sibi hoc non
5 esset datum · sed irrideretur de uoce summissa · Tunc iuno
consolandi causa · blanditur alloquiturque eum · Visus tuus
superat uocem · et forma tua superat lusciniam · Colore et nitore
smaragdi profusus es · nullus similis tibi · pictisque plumis ·
gemme cauda et collo refulgent · Et pauo ad iunonem sic ait ·
10 Quid mihi hęc sunt? Vincor uoce · Et iuno · Fatorum inquit
arbitrio · a diis datę sunt partes omnibus uobis · Tibi nitor · et
color · et forma · maior uirtus aquilae · lusciniae cantus uocis
auguria sumit · coruus grunnire accepit · columba dolet · ritus
gruis ostendit semper tempus · et in oliua parit · turdus ficetula
15 probanda pomis · lucifero gaudet hirundo · nudus sero uolat uespertilio . gallus nouit noctis horas · Omnibus in suo habundat ·
Tu uero queris · quod tibi a diis non est datum.

IV, 4] V, 4 C. Phaedrus, 3, 18. Kirchhof 4, 274.
1. QVOD] DE PAVONE . Quodcunque C. — VNICVIQVE] fehlt C.
1—2. HOC—FABULA] haec ut utatur oportet C.
3. indignans] Euudem C.
3—4. ferens] non ferens!A B. — quod luscinia] post lusciniam C.
4. et—cognosceret] fehlt C.
4—5. hoc] fehlt C. — esset datum] esse tributum C.
5. irrideretur de] riditur C. — summissa] demissa C.
6. consolandi] consula C.
6. blanditur] fehlt C. — alloquiturque] adloquitur C. — Visus tuus]
pulcritudinem C.
7. forma tua] formonsam C.
7-8. Colore—es] colores et nitores malgadro profusus C.—nullus] ullus C.
8. profusus] perfusus B.
8—9. pictisque—refulgent] pectusque flammis cauda et collum
lucens C.
9. sic ait] dixit C.
10. Quid—sunt] Quo mihi inquit hec si C.— Et iuno] Juno respondit C.
10. Fatorum] Factorum A B. — inquit] fehlt C.
11. a diis—partes] partes date sunt C.
11—12. omnibus] uobis C.— Tibi—uirtus] diuine forme maiore uirtute C.
12—14. cantus—turdus] uoces melius auguria uidere in coruum pipat
autem ribulus grunnit interim columbus doceres habet thetus C.
13. ritus] leere stelle in A B.
14. gruis] grauis A B.
15. probanda] blanda est C. — lucifero gaudet] luci gaudit C. — nudus]
nidus C.
15. sero] fehlt C. — uolat] fugit C.
16. noctis horas] noctes oras C.
17. uero queris] loqueris AB.
16—17. Omnibus—diis] te uero nolo ut queras illud quod tibi C.

5. OPORTET BENIVOLOS ESSE CVICVNQVE PEREGRINO ·
ET SI PECCAT IGNOSCENDVM EST · NESCIT VBI REDDAT
GRATIAM · VT HAEC FABVLA DOCET.

Panthera inquit innox cecidit in foucam · Agrestes ut uiderunt · alii fustibus feriunt · alii saxa ridentes mittunt · Quidam 5
e contra dixerunt · Parcite innocenti qui neminem lesit · et hęc
dicendo · multos prohibuerunt ne morte eam affligerent · Alii
autem miserunt panem · Alii dolebant huius innocentiam · ut
sunt uarię uoluntates · Nox ut uenit habierunt omnes domum ·
putantes eam noctu mori · Deinde ut illa uires suas refecit lan- 10
guidas · ueloci saltu se inde liberauit · et ad suum cubile proper-
auit · Post paucos dies rememorans quę perpessa fuerat uenit
ad locum · pecudes illic trucidat · pastores dissipat · in aratores
et agrestes impetu seuit · et multa male deuastando perdidit ·
Timent omnes · non curant dampna · tantum pro uita rogant · 15
Tunc panthera molliter ad eos sic dixisse fertur · Memini quis
me fuste cecidit · quis me saxo nocuit · quis inique gessit · quis
panem miserit · Sed illos hostes refero · qui me mori petierunt
· Hęc improbi et iniuriosi audiant · et caueant ne aliquem ledant.

6. PARENTES VEL AMICI QVI SIBI NON CONSENTIVNT 20
BENE · MALE INTEREUNT · QVOD TALITER NARRAT NOBIS
SUBIECTA FABVLA·

Verucces in collectu cum essent simul cum arietibus · lanium
inter se intrare cognoscentes · dissimulauerunt se uidere · Cum
autem ex se unum cernerent manu lanii mortifera teneri · trahi 25
· et interfici · nec sic timuerunt · sed inter se incautae dicebant ·
Me non tangit · te non tangit · dimittamus trahi quem trahit ·
Nouissime remansit unus · Cum et ipse similiter se trahi uideret
· sic dixisse lanioni dicitur · Dignę sumus laniari singillatim ab
uno · qui hoc nouissime perspeximus · Quia cum simul essemus 30
quando te in medio nostri positum aspeximus capitinis impul-
sibus   quassatum confractumque non occidimus · Hęc fabula
probat illum consumi a malo · qui se in uita non tutauerit.

IV, 5] V, 5 C. — Phaedrus, 3, 2. Nil. S. 139. Camerar 195.
1—3. OPORTET-DOCET] DE GRATIARUM ACTIONE C.
4—7. Panthera-affligerent.] Dum nox fuisset pantera cecidit in fouca
et quia solet aspectus per ferri cuilibet gratiam ut hanc agrestes uiderunt .
Alii fustes cogerunt . Alii onerant saxis quidam uero dixerunt parcite innocenti . Qui neminem lesit C.
15. rogant] rogans A.
IV, 6] fehlt C. Nil. S. 125. Neckam 30. Camerar. 196. Wright, 2, 23.
Dressler, 8, 5. Marie, 45. Boner 84.

7. SAPIENTIS CONSILIVM NVLLATENVS PRETERMITTI
DEBERE · ADMONET NOS SVBIECTA AVCTORIS FABVLA.

In uerno aues diuersi generis dum exultarent · et in nidis
suis uelatę fronde sederent · Aspiciunt aucupem lippum com-
5 ponere cannas suas · et festucam inserere uisco · Illę ignarę et
simplices aues · sic inter se narrare coeperunt · Quam pium
hominem aspicimus · quia pro nimia bonitate lacrimę ex eius
oculis fluunt quotiens nos aspicit · De quibus unus aliis astutior
et expertos habens omnes dolos aucupis · sic dixisse fertur ·
10 Heu fugite simplices et innocentes aues · et ab hac uos eripite
fraude · Pro qua re moneo · ut impigris alarum pennis uos ad
aerem liberum uolatu extollatis celeriter · Nam si placet cognos-
cere ad eius opera caute intendite et uidete · quia quas fraude
coeperit · mox morsu occisas aut prefocatas in cumbam reponit
15 · Monet hęc fabula non dubium fieri posse ab unius consilio
multos de periculo liberari.

8. SOLET AB ANTIQVISSIMIS ET NEFARIIS HOMINIBVS
FALLATIA ET ADVLATIO LIBENTER HABERI · HONESTAS
AVTEM ET VERITAS BONITASQUE REPROBARI · DE QUA
20 RE INSTRUIT NOS SUBIECTA FABVLA.

Duo homines · unus fallax et alius uerax · simul iter age-
bant · Cum ambularent · uenerunt ad prouinciam symiorum ·
Quos homines ut uidit unus ex multitudine symiorum qui se
aliis priorem constituerat · iussit eos teneri · et interrogari quid
25 illi homines de illo dixissent? et iubet omnes symios sibi similes
adstare ante se ordine longo dextra leuaque · et sibi ad sedendum
contra parari · et sicuti uiderat iam imperatorem aliquando facere
· taliter ante se eos stare fecit · Iubentur ergo adduci illi homines in medio · At ille maior symius · Quid sum ego? Fallax dixit
30 · Tu es imperator · Iterum interrogauit · Et isti quos ante me
uideris stare quid sunt? Idem fallax respondit · Hii sunt comites
tui · primicerii · campi doctores · milites et cetera oficia · et pro
hoc ille qui in mendacio laudatus est cum turba sua iussit illum

IV, 7] fehlt C. Nil. S. 141. Odo Ms. Wright 2, 24. Camerar. 196.
Dressler 8, 6. Gatos 4. Lucanor 13.
8. aliis] ales A B.
11. impigris] impigres A B.
IV, 8] fehlt C. — Pauli 381.
25. iubet] jussit B.
31. uideris] uidetis B. — hii] ii B.

remunerari quia adulatus est et omnes illos fefellit · Ille autem
uerax homo · hęc apud se aiebat· Si iste qui mendax est et omnia
mentitur sic est acceptus atque remuneratus · quid si ego uerum
dixero? Cum hęc secum deliberaret·ait symius ille qui se imperatorem dici nolebat · Dic tu · quid sum ego · et hii quos ante me 5
uides? At ille qui ueritatem amabat semper · et loqui uerum
consueuerat · respondit · Tu symius es et hii omnes symii sunt ·
similes tibi · Continuo iubetur lacerari dentibus· et unguibus quia
quod uerum fuit dixit · Hoc modo fieri et a malis hominibus solet ut fallacia et malitia ametur · et honestas uel ueritas laceretur. 10

9. INIMICITIAS REPONERE MELIVS · QVAM POSTEA DE INIMICITIIS DVM SE NON VALET VLCISCERE PENITERE · VT IN PRESENTI PROBATVR FABVLA.

Equus et ceruus inimicitias inter se duxerunt Cumque
uideret equus ceruum in omnibus aptum · excussum · leuiorem 15
et corpore decorum et arboreis cornibus ornatum · equus liuore
coactus se ad uenatorem contulit Cui ait · Est in prospectu
ceruus · omnibus ad uidendum mirabilis · Quem si uenabulo
poteris transfigere · habundabis pulcherrima carne ad ęscam ·
Cuius cornua et ossa · pecunia uendes non parua · Ille uenator 20
cupiditate accensus · quomodo ait poterimus capere ceruum?
Equus uenatori dixit · Ego monstrabo capiendum meo labore
ceruum · Tu uero sedens super me · cum consecutus fuero ·
uenabulo manu tua excusso · uulnerato ceruo et occiso · tua
uenditione perfecta gratulabimur ambo · Hoc dicto uenator super 25
equum ascendens · de loco ceruuo moto cum agitaret in cursu ·
ceruus non inmemor sui naturalis ingenii celeres tendebat pedes
transiliens campos · in saltu cursu ueloci illesus euasit · Equus
uero cum sudore se maceratum et fatigatum uideret · sic
dixisse sessori ferunt · Quo tendebam attingere non potui · 30
Descende·et uade solito more transigere uitam tuam · Cui contra
desuper sessor · Non habes inquit potestatem currendi · quia
frenum in ore habes · nec saltum dare · quia sella te premit · Si
calcitrare uolueris flagellum in manu, teneo · Illos increpat hęc
fabula · qui cum aliis uoluerunt nocere · se potius subiugant. 35

---

7. hii] ii B.
IV, 9] fehlt C. — Kirchhof 7, 128.
14. duxcrunt] dixerunt A B.
25. venditione] venatione B.
28. cursu] cursum B.
31. transfigere] transfigere A.
35. uoluerunt] voluerint B.

10. MVLTI CREDVNT VOCE SVA FORTES TERRERE SICVT
DEBILES · ET PRO HOC AVDIAMVS SVBIECTAM FABVLAM.

Asinus e diuerso occurrit leoni · Cui sic dicere coepit ·
Ascendamus in cacumine montis · et ostendam tibi quia et me
5 multi timent · Leo ridens ad aselli uerba · eamus inquit Cumque uenissent ad locum · stans cum fera · asellus in edituo loco
· uoce emissa clamare coepit · Quem audientes uulpes et lepores ·
currere coeperunt · Cui leo contra sic dixisse fertur · Poterat et
me terrere uox tua · si non scirem quis esses · Hçc fabula monet
10 derideri hunc potius deberi · qui uirtute facere nihil ualet · et
uerbis inanibus putat se quemquam terrerie posse.

11. (Ueberschrift fehlt.)
Coruus simulans se natalem celebrare · Aues ad cenam
inuitauit · Deinde ingressus clausit ostium · et singillatim coepit
15 occidere eas · Hçc fabula facta est in illos qui opem hilariter
tribuentes · contraria machinantur.

12. (Ueberschrift fehlt.)
Leo iam deficiens langorem fingebat · et per hoc ceterç
bestiç ad uisitandum eum introibant · Leo autem continuo edebat
20 eas · Vulpis ucro ueniens ante speluncam stetit · et salutauit eum
· Interrogata autem a leone · quare non intrasti · respondit ·
Quoniam uideo introeuntium uestigia · exeuntium autem non
uideo · Sic quorundam periculum doctrina nobis debet esse nostrç
salutis · quia in domum potentis facile quisquam intrat · exire
25 uero tarde est.

13. (Ueberschrift fehlt.)
Cornix sitiens accessit ad urnam dimidiam aquæ · et eam
conabatur euertere · Sed quoniam fortiter stabat · non poterat
eam mouere · Quod cum uideret · hoc argumentum inuenit ·
30 Sumens calculos misit in urnam · et ex multitudine calculorum
aqua ex urna sursum porrecta est et sic suam satiauit sitim.

14. (Ueberschrift. fehlt.)
Puer in silua auguria captans stetit super quendam lapidem
sub quo iacebat scorpius · quem conabatur puer uertere · Cui

IV, 10] fehlt C. vgl. Phaedrus 1, 11. Nil. S. 142. Vincent. spec. doct.
4, 123, spec. hist. 3, 6. Wright 2, 26. Neckam 8. Marie 67.
IV, 11] fehlt C. Camerar 197. Dressler 8, 7.
IV, 12] fehlt C. Kirchhof 7. 25.
IV, 13] fehlt C. Kirchhof 7, 121.
IV, 14] fehlt C. Aesop. Kor. 263. Nevelet 267. Gabrias 12. Camerar.
154. Rimicius 86. Faernus 26. Barth 4, 18. Dressler 8, 8. Daum 215.
Waldis 3, 514. Loqman 26.

scorpulus dixit sic · Vide miser · ne dum me captas · te ipsum
perdas · Precipit hęc fabula nihil tale audere · quod sit pericu-
losum

15. MALORVM HOMINVM NVMQVAM FIDES CREDENDA EST
· HANC PER HOC AVDI FABVLAM.   5

Asinum lassum lupus uisitabat· et coepit corpus eius tangere
et interrogare · Quę membrorum partes ei maxime dolerent
Respondit asellus · Quas tu tangis · Sic homines mali etiam si
prodesse se fingant · et bene loqui simulatorie uelint · magis
nocere festinant.   10

16. ALIQVANDO MINORES SOLENT INTER SE DETRAHERE.

Vbi erant tres hyrci· uiderunt equum timentem · leonemque
fugientem et deridebant ei · Ille autem respondebat eis · O des-
perati et ignari · si sciretis quis me persequitur · non minus
paueretis · Sic ergo sepius potentibus personis · ab inferioribus 15
detrahi solet.

17. VIRTVTIS OPVS EST FACTIS ALIQVID PROBARE ·
HANC PER HOC AVDI FABVLAM.

Homo et leo cum inter se certarent · quis esset superior ·
et quererent huius altercationis testimonium · cum uenissent ad 20
monumentum ubi erat pictura quomodo leo ab homine suffocatur
· ostendit homo ille testimonium in pictura · Cui leo ait · Hoc
ab homine pictum est· Nam si leo pingere nosset · pinxisset
quomodo leo suffocasset hominem · Sed ego inquit dabo tibi
uerum testimonum · Deduxit leo hominem ad amphitheatrum · 25
et ostendit illi uera fide quomodo homo a leone suffocatur · et
dixit · Hic colorum testimonia non sunt · sed opus ueritate
factum · Hęc fabula probat mendacium colore compositum a
ueritate cito superari ubi est certa probatio.

---

1. scorpius] scorpulus B.
4. Malorum] A malorum A.
5. hanc] hac A.
IV, 15] fehlt C. Plutarch, de fratr. amic. 19. Nil. S. 142. Camerar 197.
Neckam 21. Guicciardini 38. Dressler S, 9.
11. Aliqvando] Majoribus aliquando B.
IV, 16] fehlt C. Camerar 198. Dressler 8, 10.
13. ei] eum B.
18. Hanc] Hac A.
IV, 17] fehlt C. Kirchhof 1, 80.
27. colorum] color A B.

18. ALIQVANTI CVM NIHIL SINT IPSI SE MAGNIFICANT
    VT HAEC AVCTORIS BREVIS FABVLA NARRAT.

Pulex in cameli sarcina · cum fuisset camelus onustus · plau-
debat se esse meliorem · Longum iter cum agerent uenerunt si-
5 mul ad uesperum in stabulum · Pulex uero statim se ante pedes
cameli excussit · et sic dixisse fertur · Bene feci inquit parcens ·
ne te diutius grauarem · et camelus ad pulicem sic ait · Gratias
ago · sed nec te imposito grautatius sum · Hanc illi audiant fabulam
· qui nec grauare nec iuuare aliquando possunt meliores.

10 [6 b] 19. DE TARDIS AC PIGRIS TALEM AVCTOR RETVLIT
          FABVLAM.

Hiemis tempore formica frumentum ex cauerna trahens
siccabat · quod estate colligens coagulauerat · Cicada autem eam
rogabat esuriens ut daret illi aliquid de cibo ut uiueret · Cui
15 formica · Quid faciebas inquit in estate? At illa · Dum me uaca-
bat per sepes oberrabam cantando · Ridens formica frumentum
inclusit et dixit · Si estate cantasti hieme salta · Hec fabvla pig-
rum docet ut tempore certo laboret · ne dum minus habuerit ·
non accipiat.

20 20. HOMO MALVS MVLTOS PERDIT ET IPSE SOLVS PERIT ·
     AC PER HOC AVDI FABVLAM ISTAM.

Gladium uiator dum ambulabat · iacentem inuenit in uia
Quem interrogauit · Quis te perdidit? Cui contra telum · Me quidam unus · ego uero multos · Hec fabula narrat malum posse pe-
25 rire · sed ante multos nocere posse.

IV, 18] IV, 3 C. Nil. fab. 60. Wright 2,29. Burmann app. 31. Marie 70.
1. ALIQVANTI] DE (HIS) QUI SE MAGNOS DICVNT. Aliquanti
homines C.
2. VT—NARRAT.] fehlt C.
3. camelus onustus] honeratus C.
4. se] sibi C. — meliorem] melior C. iter cum] cum iter C.
5. uesperum] uesperam C.
5—6. Pulex uero statim] Statim introeuntes stabulum (pulex) C.
6—7. et—fertur] fehlt C.
6. parcens] tibi parcendo C.
7. pulex] culex A B. — ad—ait] dixit C.
8. nec te] ne C. — grauatius] gravatus B. — grauatius sum] grauatus
nec nunc deposito releuatus C. — illi] fehlt C.
IV, 19] fehlt C. Nil. fab. 56. Rom. Nil. 45. Vincent. Bellovac. spec.
hist. 3, 8; spec. doctr. 4, 122. Neckam 29. vgl. Gritsch, S N. Barth 2, 21.
Camerar. 144. Daum 83. Burm. app. 28. Boner. 42. Marie 29, vgl. 86.
IV, 20] fehlt C. Dressler 8, 11. Camerar. 198.

21. DE INIVRIIS INNOCENTVM AESOPUS FABVLAM NARRAT.

Otiosa quędam cornix supra ouem consedit · tundens dorsum eius · hoc cum diu fecisset · sic ad illam ouis dixisse fertur · Cani si haec fecisses · non ferres latratum eius · nec ira- 5
cundiam ardoris illius · et cornix talia oui ait · Colli quidem forti
sedeo · et scio quem lacero · Quia sum antiqua annis · improba
innocentibus · amica autem asperis · Sic me creatam dii esse
uoluerunt · Hęc fabula in illos dicta est · qui infimis et eorum
innocentię iniuriantur.   10

22. DE STATVA SVA AESOPVS AD CIVES.

Scripta et ingenium aesopi ut agnouerunt quod multarum
semitarum amplissimas faceret uias · et pepercisset humilibus
dum alligauerat multos qui erant summi athicorum · statuam
posuerunt aesopo · cui substatuti sunt tytuli · Quoniam artis 15
uias ingenio intellexi · mox fabulas edidi · Ideo ciues posuimus
statuam · quod est alicuius laboris bona remuneratio · sic scien-
tes sequi quęrellas.

23. MAGISTRO RVFO AESOPVS.

Memoriam tibi tradam carissime RVFE meam · membranis 20
habeto scriptam · et in candore quod mereris a me · Suscipe do-
num ut pretiosum labium saxis diuersi coloris ornatum · iucun-

---

IV, 21] fehlt C. Nil. fab. 55. Burm. app. 27. Wright 2, 31. Marie 20.
IV, 22] V, 11 C.
11. AESOPVS] AESOPI C.
12. ingenium] ingenia C. — agnouerunt] agnorunt ciues C.
12. multarum semitarum] multorum semitas C. — faceret] facere C.
13. pepercisset humilibus] perfecisse humilis C. — alligauerat] alli-
gaueret C.
14. qui] quo C. — statuam] statua C.
15. cui substatuti] cuius statua C. — tytuli] cyculi A B.
16. artis uias] ante figas C. — intellexi] intellexit C. steht vor posuimus C.
17. edidi] fehlt C. — statuam] statua C.
17—18. alicuius—querellas] summi atticorum bonas sciat esse quae-
relas. (EXPLICIUNT (aus EXPLICIT corrigirt) ESOPI FABULARUM
(LIBRI) NUMERO QUINQUE. DEO GRATIAS AMEN. C.
IV, 23] Praefatio und IV, 8 C. — meam] mea C.
23. AESOPUS] AESOPUS SALUTEM C. — RUFE] rufo C.
20. carissime] nach C. A B haben das unverständliche lxmē oder bcmē.
1. scriptam] scripta C. — et—quod] candorem quo C.
21. pretiosum] pretiosa C.
22. labium saxis] libia saxa C. — diuersi coloris] diuersis coloribus C.

dam tuam uitam · spectans seniles annos · maturos amicis · Semper bonus uiuas · uxori luxuriosus uaces · Famulis disciplinam ingeras · tuorum uota bene cernas · et intentus legas fabulas · et ne forte lector estimet lapsum me in imprudentiam · inuenies
5 in seruis tuis esse narrandi uias · Nam ueteres et pauce olim fuere fabulae · sed ut maius fieret corpus adieci et meas nouas · aperte et breuiter scriptas · Apposui uera malis · composui integra bonis · Ostendi uias malorum · confirmaui bonorum · sequatur quisque que libet · Per hec omnia docto atque intelligenti
10 paruus non est labor meus · ut norit quisquis fabularum quur sit inuentum genus · Verum ipsam uitam hominum et mores ostendens · instruxi legere uolentes.

EXPLICIT LIBER QVARTVS FABVLARVM AESOPI.

APPENDIX.
15   1. VULPIS IN HOMINE UERSA.

Naturam turpem nulla fortuna obtegit · Humanam speciem cum uertisset iupiter uulpem · legitimis ut sedit in thoris · scarabeum uidit prorepentem ex angulo notamque ad praedam celeri prosiluit gradu · Superi risere · magnus erubuit pater · uul-

---

1—12. iucundam—uolentes] als selbständiges stück V, 8 mit der überschrift: DE LIBRIS SUIS AESOPUS AD RUFUM. Der anfang bis iucundam lautet: qui me semper diligis optime omnium rufe oblesces uitium uolo. Vitamque C.
1. uitam] fehlt an dieser stelle C. — seniles] se nihil esse C. — maturos] fehlt C.
2. bonus] fehlt C.
2. uaces] uaces filios in amore seruias C. — ingeras] inseras C.
3. tuorum uota] tuas uotorum C. — legas] regas C.
4. ne forte] si forte C. — estimes] estimet B. aestimas C. — in] fehlt C.
4. inuenies—esse] inseruisse C.
5. Nam] Nam et C. — fuere] fuisse C.
6. sed ut] et C. — et meas] ex me C.
7. scriptas] memoraui C. — uera malis] uara malignus C.
8. sequatur] et sequatur C. ⇢ quisque que] quis quid C.
9. que] quod B.
9. Per] fehlt C. — docto] doctus C. — intelligenti] intellectu male C.
10. meus] fehlt C. — norit] ignora C. — quur sit] curit C.
11. ipsam uitam] ipsa uitia C. — mores ostendens] uerum ostendere C.
12. instruxi legere] et mores uidere struxi legendo C.
app. 1. Wisseburg. V, 9. Phaedr. Burm. app. 3.
17. uertisset] se uertisset.
17. in thoris] thoro. — prorepentem] prorepente.
18—19. celeri—magnus] celerius siluit superi gradu risere magnis.

pemque repudiatam thalamis expulit · his prosequutus: uiue quo
digna es modo · quia digna nostris meritis non potes esse.

2. DE TAURO ET UITULO.

Angusto in aditu taurus luctans cornibus · quum uix intrare
posset ad presepia · monstrabat uitulus quo se pacto plecteret · 5
Tace inquid · ante hoc noui quam tu natus esses · Nam qui docto-
rem emendat · sibi displicet.

3. CANES FAMELICI.

Corium depressum in flumine viderunt canes: quod ut ex-
trahere celeriter potuissent, aquam coeperunt lambere · Sic rupti 10
pereunt quam quod petierant, contingere valuissent · Qui consilio immaturo illud capere cupiunt, cum quid pertingere non
possent.

4. GALLI DUO ET ACCIPITER.

Gallus dum cum alio gallo saepius intenderet pugnam, re- 15
quirit accipitrem sibi vindicem · Accipiter vero sperabat, ut dum
ambo ad eum venissent, ipsum qui se cum exhiberet, devoraret ·
Cum venissent ante judicem, ut causam suam exponerent, accipiter ipsum comprehendit, qui ejus primo petierat forum · At
ille clamabat: Jam sum ergo; sed ille qui fugam petit · Cui acci- 20
piter dixit: Non tu credas ex meis unguibus hodie liberari, quia
quod tu alio intendere voluisti, aequum est, ut ipse sustineas ·
Qui aliorum necem tractant et de ipsorum [capite] quid agatur,
ignorant.

5. COCHLEA ET SIMIA. 25

Cochlea repperit spiculum, quod dum nimium fulgere vidisset, adamavit id et statim ascendens super ejus orbem, coepit
eum delingere · Nil vero ei visa est contulisse, nisi ut splendo-

---

1. repudiatam] repuditam. — thalamis] talix mis.
1. quo] quod.
2. digna] digne. — potes] potest.
app. 2. Wisseb. V, 10. Phaedrus 5, 9. Aesop. Kor. 174; Nevelet.
177. Babrios 37. Avian 36. Barth 3, 12.
4. Angusto in aditu] Angusta in adita.
app. 3. Nilant, fab. 2. Phaedr. 1,20. Aesop. Kor. 209. Vademecum 3,105.
9. quod] quem.
app. 4. Nil. fab. 6. Burm. app. 7. Aesop. Nevelet. 145. Aphthon. 12.
Syntip. 7. Camerar. 149. Bauth 2, 20.
app. 5. Nil. fab. 8. Burm. app. 8. — Cochlea] Coclea.
26. quod] quem.
27. id] eum.
28. id] eum.

rem salivis vel sordibus pollueret · Simia invenit id taliter inquinatum et ait: Qui talibus se calcari permittunt, talia sustinere
merentur · Mulieribus, quae se stultis et inutilissimis viris conjungunt.

5 ### 6. GRUS, CORNIX ET DOMINUS.

Grus et cornix inter se conjuratione unita firmaverunt, ut
grus cornicem ab aliis avibus defensaret, et cornix illi futura
praevidendo narraret · Quae dum ad agrum cujusdam saepius
advenirent, et grana quae olim sata fuerant, radicitus vellerent,
10 videns dominus agri doluit et ait puero: Da mihi petram · Monuit gruem, et caute se egerunt · Alia vero die audiens cornix,
quod petram quaereret, commonuit gruem, ne mali aliquid pateretur · Perpendit homo ille, quod cornix divinaret · Dicit puero: quando dixero, da mihi offam, porrige lapidem · Ille veniens
15 dixit puero, ut daret offam, at ille porrexit lapidem, qui gruem
percussit et crura ejus fregit · Vulneratus grus dixit cornici: ubi
sunt divina hauspicia tua, cur me non monuisti, quia mihi taliter habuit provenire? Respondit: Mea hic intelligentia culpabilis
non est, sed omnium malorum sunt dolosa consilia, qui aliud di
20 cunt et aliud agunt · Qui promissionibus innocentes inducunt, quos
postea laedere non cessant.

7. CALVUS ET HORTULANUS.

Calvus petiit a vicino hortulano, ut daret sibi de melonibus ·
Ille deridens dixit: Vade calve, vel nolo meos dare melones, quia
25 tu rusticus es · Hieme et aestate semper habeat mala tua calvaria, muscae et tabani super frontem tuam, qui comedant et bibant sanguinem de ipso capite calvo et postea stercorizent · Calvus iratus evaginans gladium apprehendit capillos ejus, ut interficeret · Hortulanus accipiens unum melonem, percussit calvum
30 in fronte · Calvus praevalens amputavit caput ejus · Qui nec petentibus bona tribuunt, neque bonis sermonibus vel responsis
tribuunt.

8.: CAVANUS, CATTUS ET MUS.

Cavannus petiit cattum, ut ascensor sibi fieri liceret, et se
35 cum quaererent, quae colloquia inter se haberent · Cattus asportavit eum ad domum muris · Rogavit cavannus cattum, ut cla

---

app. 6. Nil. fab. 19. Burm. app. 11.
13. quod] quia.
app. 7. Nil. fab. 24. Dressler 8, 2.
app. 8. Nil. fab. 25. Dressler 8, 2.

maret se · Sic fecit · Mus cum audisset vocem ejus, ad hostium domus venit dixitque: quid quaeritis aut quid dicitis? At illi: Volumus tecum loqui · Mus cognovit, quod malum consilium contra ipsum cogitassent · Dixit: Maledictus tu sis, catte, tu dominus meus, et ipse qui super te sedet, et domus vestrae et filii 5 et filiae, et omnis parentela vestra sit maledicta · Male huc veneritis et male sit redeuntibus vobis de hoc loco · Qui inimicis suis bona loqui non queunt, qui sibi inimicitias imponunt, vel malum inter se ineunt.

9. PERDIX ET VULPES. 10

Perdix dum in loco eminentiori sederet, advenit vulpis et dixit ei: Quam formosa est facies tua, crura tua ut rostrum, os tuum sicut corallum · Nam si dormires pulchrior esses · Credens ei perdix clausit oculos, atque eam ilico vulpis rapuit · At perdix fletu permixto locuta est: Per artium tuarum virtutes te quaeso, 15 ut antea nomen meum dicas et sic me devorabis · At ubi vulpis perdicem voluit nominare, aperuit os et evasit perdix · Dolens vulpis ait: Heu me, quid opus fuerat loqui? Respondit perdix: Heu, me dormire quid necesse erat, cui somnus non venerat? Qui ubi eis necessarium non est, loquuntur, et ubi eos vigilare 20 oportet, dormiunt.

10. CANIS ET CROCODILLUS.

Canes currendo bibunt ex Nilo flumine ne rapiantur a crocodillis · Rapidius igitur currens ex Nilo cum bibere coepisset canis, dixit ei crocodillus: Quod libet labio tuo, noli vereri · Re- 25 spondit: Facerem quod dicis, nisi esse te scirem carnis meae cupidum · Qui consilia adversa sapientibus sumministrant et non solum quod operantur perdunt, verum ab eis turpiter deridentur.

11. CANIS ET VULTUR.

Canis et vultur humana effodientes ossa, canis thesaurum 30 invenit, et violatus manens injecta est illi divitiarum cupiditas, per quas sacrilegii lueret poenas · Aurum dum custodit, oblitus ciborum copia fame est consumptus · Cui adstans vultur ait: O canis, merito luis, quia concupisti regales opes trivio contentus,

---

6—7. veneritis] venissetis.
app. 9. Nil. fab. 30. Burm. app. 13.
15. permixto] permixta.
app. 10. Nil. fab. 31. Phaedr. 1, 25.
app. 11. Nil. fab. 32. Phaedr. 1, 27.

et in stercoribus educatus · Quid tibi profuit has invenire divitias? Avaris, qui ante exhausti perire possunt, quam cupiditatis rabie satiarentur.

12. ASELLUS, BOS ET VOLUCRES.

5 Asellus et bos uno sociati jugo trahebant · Bos dum conatur paulo validius incedere aegro cornu, asellus ipse negabat nullum levamen accipere · Solus trahens bos corruit et confestim mortuus est · Asinum bobulcus carne bovis exaggerat · Qui multas inter plagas ruptus cecidit et expiravit medio pondere collap-
10 sus · Tunc volucres advenientes ad praedam convolant dicentes: Si te precanti mitem exhibuisses bovi, non jam inmaturo nos interitu pasceres tuo.

13. CULEX ET TAURUS.

Culex cum taurum provocasset viribus, venerunt populi
15 cuncti, ut spectacula cernerent · Tunc parvus culex, satis, inquit, habeo, quod venisti comminus · Parvus tibi factus sum judicio tuo · Hic se per auras sustulit penna levi, lusitque turba, et tauri destituit minas · Quod si fuisset validae cervicis memor, pudendum contempserat inimicum et ineptae materiae non fuisset glo-
20 riatio · Quia ille sibi famam diminuit, qui se indignis comparat.

14. CICONIA, ANSER ET ACCIPITER.

Ciconia dum ad solitum devenisset stagnum, invenit anserem se creberrimis mergentem undis · Inquirit ab ea, cur hoc faceret · Respondit: Consuetudo nobis est, nam escam in limo
25 reperimus et accipitris impetum ad nos venientis sic evadimus · Cui ciconia: Sum accipitre ipsa fortior · Sed tene amicitiam mecum, et faciam te illi insultare · Credidit et protinus ejus petivit auxilium · Quae dum cum illa foras in agrum exiret, ilico accipiter supervenit et comprehensum anserem unguibus devoravit ·
30 Cui anser e contra: Qui se tam flebili patrono conjungit, pejori nece finire debet · Qui se ab illis defendi desiderant, qui tutationem praestare non possunt.

---

app. 12. Nil. fab. 34. Burm. app. 14. Bromyard A, 14, 17. Camerar. 13S.
7. trahens bos corruit] atm bos cornu.
9. medio] media. — Tunc] Tua.
app. 13. Nil. fab. 36. Burm. app. 16.
17. se per] semper.
app. 14. Nil. fab. 53. Burm. app. 26.
26. accipitre] accipitri.

15. LEPUS, PASSER ET AQUILA.

Oppressum ab aquila et fletus dantem leporem objurgabat passer: Ubi pernicitas tua est, et cur sic pedes cessarunt? Hoc vere te fecit insidiari et sustinere · Talibus dum loquitur, ipsum accipiter necopinum rapuit, questuque vano clamitantem inter- 5 fecit · Et aquila: Solatium, quod tu securus nostra irridebas mala, simili querela fata deploras tua · Stultis, qui sibi non cavent et aliis consilium dant.

16. EQUUS ET ASINUS.

Equum cum rogaret asinus parum sibi hordei dare: Liben- 10 ter, inquit, si possem, et pro dignitate nostra large tribuerem. · Sed cum venerimus ad praesepia vespere, dabo tibi folliculum plenum farre · Et asellus: Qui rem tam parvam negas, quid in majori te facturum existimem? Qui cum magna promittunt, parva negant; est in dando lentus, tenax in pollicitando. 15

17. AQUILA ET MILVUS.

Aquila cum tristis sederet in arborem, ubi milvus insederat, dixit ad eam milvus: Cur video faciem tuam tam tristem? At illa: Quo modo aegra non ero, quia quaero parilem conjugii mei, et reperire non possum · Cui milvus: Me accipe, quia superior 20 te sum, ut quaeris · Cui aquila: Quid ergo venari tu poteris? Milvus: Struthionem unguibus meis captum saepius devoravi · Illa haec audiens adquievit, et accepit eum in conjugio maritali · Transactoque tempore quod nuptiis fuerat dedicatum, dixit ei aquila: Vade et rape nobis praedam secundum quod pollicitus 25 es · Et volans in altum exhibuit ei immanissimum soricem; omnis enim erat putredine madefactus · Cui aquila: Haec est promissio tua? Cui milvus: Ego ut ad tuum potissimum pervenire possem conjugium, si qua mihi impossibilia voluisses extorquere, nullatenus me tibi impleturum potui denegare · Mulieri- 30 bus, quae dum sibi ditiores exquirunt, postea ignavis sociantur.

---

app. 15. Nil. fab. 57. Phaedr. 1, 9. Neckam 14.
2—3. Oppressum—passer] Oppressam aquilam et fletus dantem lepus objurgabat passerem.
7. fata] facta.
app. 16. Nil. fab. 58. Burm. app. 29.
15. lentus, tenax in] le., tena..
16. app. 17. Nil. fab. 67. Burm. app. 34.
17. in] in in.
21. te] tibi.
27. omnis] omne.
28. madefactus] madefacta.

18. DE ABIETE ET HARUNDINE.

Qvi superbo et duro corde sunt, et nolunt se subdere domino suo, solet eis euenire sicut arbori abietis, que vento veniente noluit se flectere · stetit autem juxta eam arundo que
5 vento veniente flectebat se in quacunque parte ventus eam mouebat · Et dixit ad eam abies: quare non stas firmiter sicut ego? respondit arundo: non est virtus mea vt tua · et dixit ad eam abies: Et ideo scire potes quia fortior sum tibi · Venit autem ventus validus et abietem proijecit in terram, arundinem vero
10 dimisit · Sic sepe elati proijiciuntur dum humiles maneant erecti.

19. BOS IN VALLE.

Bos in valle quadam gramina pastum quaerens vidit lupum de propinquo venientem, et cum fugere non valeret, timidus expectavit · Cui lupus: Quare, inquit, huc venisti? Te, inquit bos,
15 diu fugiens huc veni · Et ego, ait lupus, te per totum annum istum quaesivi, tuis cupiens carnibus satiari · Ecce, inquit bos, me ad tua vota paratum, nisi unam peto a te gratiam, scilicet, ut liceat mihi in hunc montem ascendere et ibidem pro anima mea et tua salute dominum precari; quo facto statim ad te descen-
20 dam · Vade, inquit, et ora breviter et succincte, caveas ne traxeris ibi moram · Adscendit itaque in montis vertice et boatu tam terribili exclamavit, ut ex ipso mugitu ostenderet lupum gregibus inimicum · Quare audientes pastores et rustici qui ex parte alia montis erant, accurrerunt cum canibus, qui lupum diris morsi-
25 bus discerpserunt; at ille ullulans ait bovi: Quare, frater, male pro me orasti? Sat apertum est ex clamore, quod oratio tua non erat mihi benevola, sed hostilis · Ego, inquit bos, pro te oravi juxta id quod mihi facere voluisti; sciens enim me nullam a te impetraturum misericordiam, oportuit me esse sollicitum de me ipso.
30 Sic falluntur qui pluries animam suam aliis commiserunt et qui se propria utilitate multum cogitant illis negotiis derelictis.

20. CATUS ET VULPES.

Consociati catus et vulpes per quandam planitiem pits tran-

app. 18. Steinhöwel 4, 81. Dressler 8, 12. Avian 16. Acs. Kor. 143. Babrios 36. Gabrias 54. Aphthon. 36. Foernus 85; 86. Bromyard H, 6, 25. Boner 83. Kirchhof 7, 58; 59.
app. 19. Rom. Roberti 5. Marie 94.
app. 20. Rom. Rob. 6. Extravag. 5. Bromyard S, 3, 15. Camerar. 202, Odo 19. Joh. Gers. paraphr. sup. Magnif. 4, 4. Pontanus p. 511. Chiliast. 5, 18. Camerar. 202. Marie 99. Lafontaine 9, 14. J. Regn. 1, 28. Rom. du Renard f. 99. Guil. Haudent 255. P. Despr. 55. Benser. 70. Le Noble 24. Schopp. 3. 10. Freitag 23. Gatos 40.

seuntes, ad quandam albam spinam venerunt sub qua pausantes,
simul confabulari coeperunt · Tunc ait catus vulpi: Quomodo te
defendes, si venatores cum canibus ex improviso adessent? Respondit: Artes et ingenia multa novi; insuper et plenum cautelis
spiritualibus sacculum mecum porto, quibus me tuear in adver- 5
sis · Non expedit, inquit catus, tibi ulterius sociari… qui unam
solam jam artem novi, adscendere scilicet in excelsa quo adscendere non valeant hostes mei · Ipsis itaque colloquentibus ecce
subito venatores cum canibus affuerunt; cato autem in spinam
celeriter adscendente, canes insecuti renardum coeperunt ejus 10
pelliciam morsibus lacerare, ad quam catus exclamans ait: Solve,
inquit, solve sacculum cautelarum et cautis astuciis te defende·
Cui renardus: Unicam artem tuam omnibus meis astuciis nunc
praeferrem.

Sic contingit frequenter quod plus prodest in placito unicum 15
verbum probi hominis et veracis, quam multae falsorum fallaciae
tortuosae.

21. SCRABRO ET AQUILA.

Scrabro quidam de fimario exiens saturatus, vidit aquilam
in alto volantem et magnum aeris spatium in modico temporis 20
spatio transeuntem; tunc propriam dedignans vitam, sociis suis
dixit: Ecce aquila rostro ferox et unguibus, fortis corpore, velox
alis, cum vult, usque ad nubes adscendit et ad libitum ima petit.
Nos vero misera naturae conditione depressi, nec cum animali-
bus, nec cum avibus computamur · Aquila nec voce suavior nec 25
colore nitidior me existit · Fimarium de cetero non nutribo: qui-
nimo volucribus me conjungens cum ipsis ubique volitans con-
versabor · Tunc in altum se tollens, canere coepit rumore satis
turpi: et dum sequi aquilam in sublimibus nititur, auram aspe-
riorem non sustinens, cecidit concussus et attonitus longe extra 30
terminos assuetos, ubi fame periclitans ait tristis animo: Non..
utrum vermis aut volucris reputarer, dum tunc ad antiquum possem fimarium pervenire.

Sic superbi dum se praesumptuose eliciant, eliduntur: am-
bitis quoque frustrati commodis et consuetis privantur. : 35

22. MEDICUS ET DIVES.

Medicus quidam divitis curam gerens, ipsum de brachio
mittere sanguinem fecit, ut post modum per inspectionem san-

---

app. 21. Rom. Rob. 7. Marie 65.
app. 22. Rom. Rob. 8. Nekdam 297. Marie 38. Legrand 4, 215. Zambrini 38.

guinis de statu ipsius certior redderetur · Porro dives cruorem
illum custodiendum filiae suae dedit, qui minus caute custoditus,
in terram totaliter est effusus · Timens itaque puella patris offen-
sam, de brachio proprio sanguinem fecit extrahi et infrigidatum
5 medico inspiciendum obtulit: quo inspecto medicus diviti inti-
mavit quod esset..... masculo impraegnatus, sed quo portento?
Dives nimis admirans et tristis, vocata ad se filia, nunc blandius,
nunc rigidius ei loquens, tandem ab ea totius rei didicit veritatem,
sciens jam filiam quam virginem esse putaverat, impraegnatam.
10   Sic mendacibus frequentes evenit et dolosis, ut ex ipsis
quibus latitare putant fallaciis se doleant apertius deprehensos.

23. RUSTICI UXOR.

Cum quidam rusticus videret uxorem suam versus nemus
cum suo incedentem amatore, cucurrit illac, ira vehementer ac-
15 census, porro adultero fugiente et per nemoris latebras evadente,
rusticus uxorem suam durius increpabat, quae quasi admirans
causam tantae increpationis ab ipso quaesivit; quo respondente
se vidisse adulterum secum ire, exclamavit mulier voce magna:
Heu miserae, inquit, miseram certissime scio intra triduum mo-
20 rituram, quia tam matri meae quam aviae sic evenit, ut paululum
antequam morirentur quidam juvenis comitabatur, cum tunc
hoc penitus ignorarent · Non audeo in statu seculari remanere
ulterius; oro ergo ut omnia bona nostra inter nos aequaliter di-
vidamus, quia cum omnibus quae me contingunt, volo statim
25 aliquam religionem intrare · Quod audiens avarus rusticus dixit
ei : Nolo, inquit, anima mea, noli hoc facere; certissime dico tibi
quod nullum hominem vidi tecum · Non audeo, inquit mulier,
remanere, quinimmo cogitare de animae meae salute · Attendo
insuper quod semper increpares mihi crimen impositum · Nequa-
30 quam, inquit rusticus, improperium ad te dicam, nec enim aliquid mali in te vidi; sed verba quae protuli ludens finxi · Jura
igitur, inquit mulier, coram parentibus tuis quod nullum vidisti
et quod nunquam, quoquo iero, me sequeris nec mihi improperium ullum dicas · Libenter, ait rusticus, faciam quidquid petis;
35 tunc iverunt ad quoddam monasterium ubi, tactis sanctorum reliquiis, omnia quae promiserat adimplevit.
   Hic dicitur quod mulier habet omnes artes diaboli et ulterius artem unam: de visis enim decipit veluti de non visis.

---

app. 23. Rom. Rob. 9. Marie 41. Legrand 3, 122. Zambrini 40.

24. CUCULUS REX.

Volucribus quondam pro rege suo eligendo ad concilium congregatis, audita est vox cuculi a longe concinentis · Omnes vocem tam sonoram et claram laudabant, sed avem quae vocem emiserat, ignorabant · Dicebant eam tantae facundiae et tam cla- 5 rae populi regimine dignam esse, dum tamen actus et animum cantibus adaequaret · Miserunt igitur mesengam ad contemplandum ejus continentiam et staturam, quae veniens sedit in arbore juxta eam, viditque cuculum qui tristi vultu et capite demisso nulla nobilitatis indicia, sed inhonestiam potius et desidiam cor- 10 dis praetendebat · Volens adhuc mesenga cuculi conditiones ulterius experiri, adscendit in arborem super eum et supra dorsum ejus foeditates egessit, nec propter hoc cuculus in aliquo se commovit · Tunc mesenga rediens moresque cuculi reprobans et detestans ipsius inhonestiam caeteris avibus nunciavit, et qualiter 15 ulcisci dedecus quod sibi intulerat non est ausus · Quomodo, inquit, contra avem magnam se defendet qui mihi avium minimae resistere non audebat; absit ut talem nobis in principem eligamus, sed potius aliquem sapientem, fortem viribus et audacem · Assensu ergo omnium fecerunt aquilam sibi regem, quam dignam 20 imperio judicabant, tanquam statura procerum, rostro armatum et unguibus, probum contra incursus hostium defensorem, justitiariumque fortem et rigidum, ac victu, alvi parsimonia, temperatum, nec festivis rapinis proprio sibi subjecto infestum · Simul etenim satiatus pluribus diebus jejunat, sciens dignitatem regiam 25 non decere continuis populorum vexationibus conculcari.

Hoc exemplo docetur plebs qualem dominum vel judicem electura, ne miserum quemvis hominem verbis pomposum praeficiat, immo talem qui virtute valeat iniquitates irrumpere et hostium insultibus obviare. 30

25. RUSTICUS EQUUM VENDENS.

Rusticus equum quendam quem nutrierat venditurus ad pretium XX solidorum taxavit · Quidam vero vicinus ejus equum volebat emere, sed de pretio aliquid minuere cupiebat · Convenerunt tandem in hoc quod de pretio equi starent arbitrio primi 35 hominis qui eis ad forum venientibus obviaret · Contigit autem ipsos cuidam monoculo obviare, qui de equi valore seu justo pre-

app. 24. Rom. Rob. 10. Marie de France 22. Legrand 4, 217.
app. 25. Rom. Rob. 11. Marie 71. Legrand 3, 129. Zambrini 41.
Nekdam 309.

tio requisitus, asseruit X solidos justum pretium esse · Placuit
verbum emptori qui dicebat sibi ex pacto equum pro tanto deberi · sed venditore ei hactemus resistente, statuta est lis coram
judicibus terminanda, cumque emptor pro se pactum quod inter
5 se fecerant, allegaret, ipsumque appreciatorem eis ignotum non
debere haberi suspectum, respondit venditor se ejus taxatione
non debere teneri; cum esset monoculus partem alteram sive di-
midium equi vidit · Quo audito riserunt judices et litem conver-
terunt in jocum, et rusticus cum equo suo domum rediit a vi-
10 cini calumnia liberatus.
Sic sapiens in periculo nonnunquam se adjuvat, dum verba
sua quamvis ponderis realis prudenter adaptat.

26. ACCIPITER ET BUBO.

Accipiter in nemore quondam tantam cum bubone contraxe-
15 rat amicitiam, ut ova bubonis cum suis in proprio nido foveret ·
Cum autem eduxisset pullos e testis et pro cibo eis acquirendo
in nemus volasset, pulli bubonis foedaverunt nidum ejus turpiter; quod cum rediens conspexisset, pullos suos graviter incre-
pavit dicens, se in illo nemore nidificasse per decennium et nun-
20 quam ante in pullis suis inhonestatem vidisse; cui pulli accipitris
responderunt: Non ex nobis est haec foeditas, sed ex fratribus
nostris quorum capita miramur nostris capitibus grossiora · Tunc
ait accipiter: Ova bubonis fovere et pullos educere possum, sed
eorum natura non possum mutare · Maledicta, inquit, sit nutri-
25 tura quorum tam vilis et tam foetida est natura.
Idcirco dicitur quod homo id quod naturaliter inest occul-
tare possit ad tempus, in fine tamen prodiens quale fuit se
ostendet.

27. AQUILA ET ACCIPITER.

30 Aquila quaedam in accipitrem excanduit ira gravi, ipsumque
persecuta est avibus caeteris comitata, sed accipiter fugiens cavernam cujusdam rupis ad sui tuitionem intravit · Aquila vero ex-
terius cum suis comitabat baronibus, quis eorum ad ipsum ex-
trahendum aptior videretur · Tandem gruem quae longo collo
35 posset ad ipsum porrigere, ad hoc officium elegerunt · Cum igitur
grus appropinquans praetenso collo caput interius mitteret in
cavernam, accipiter absque mora caput ejus extensis pedis unguibus apprehendens, fortiter idem strinxit · Grus vero tam

app. 26. Rom. Rob. 12. Marie 80. Legrand 4, 177.
app. 27. Rom. Rob. 13. Marie 81. Legrand 4, 190. Odo Ms.

subita irreptione perterrita unguiumque puncturam non sustinens, ejectis a parte posteriori fecibus, aquilam et aves caeteras
prope stantes foedavit · Cum autem ab accipitris unguibus eva-
sisset nimio confusa pudore, scilicet eo quod acciderat e patria
fugiens, in ignota regione disposuit conversare; arrepto igitur 5
itinere, cum ad maris medium provolasset, mouettae cuidam ob-
viavit, quae suae navigationis causam quaesivit: cumque grus
quod sibi acciderat enarrasset, quaesivit mouetta an post se anum
suum reliquisset · Grus respondit quod non, immo illum ubique
portaret · Consulo igitur, inquit mouetta, ut rediens in patria 10
propria converseris · Eadem sive consimilis inhonestas tibi contingere posset in alia regione · Cui grus consentiens est reversa.
    Sic pluribus accidit qui postquam in patria sua deliquerunt,
infames effecti in terram alienam fugiunt ubi post modum con-
simile vel pejus delictum incurrunt; non nova patria, sed animus 15
mutandus.

28. LUPUS POENITENS.

    Lupus quidam de malefactis suis poenitere disponens, vo-
vit se non comesturum carnes a septuagesima usque ad pascham ·
Postmodum vero videns quoddam pingue multonem solum in 20
ora nemoris gradientem: O quam libenter de hoc multone co-
mederem, nisi essem voto ad jejunium obligatus! Verumtamen
ex quo solus est, nisi ego de eo curaverim, aliquis forte hac parte
transiens eum tollet · Expedit igitur ut loco unius salmonis eum
comedam, cum salmus sit cibus delicatior et hoc quadragesimali 25
tempore carius uendi posset; multonem itaque rapuit et comedit.
    Sic est de quibusdam qui malorum assuedine animum ha-
bent ita perversum, ut cum suarum illecebrarum desiderium nec
juramentum valeat nec votum, quinimmo, nacta quolibet occa-
siuncula, protinus recidant.   30

29. RUSTICUS ET BOVES.

    Rusticus quidam extraxit cum bobus suis de stabulo suo
fimum quem ibidem fecerant iidem boves · Illi autem impropera-
verunt rustico frumentum et hordeum acquisitum ipsorum laboribus, quibus ipse et domus sua sustentationem a multis annis 35
habuerant satis amplam; illum deceret eos tam vilibus operibus

---

    app. 28. Rom.Rob. 14. Marie 73, vgl. 88. Legrand 4, 214. Ysopet I, 47.
Lafontaine 10, 6; 12, 9. Robert 2, 475. Du Méril S. 28. vgl. Cognatus 49.
    app. 29. Rom. Rob. 18. Marie 85. Legrand 4, 229. vgl. Jac. Poutan.
S. 75.

deputari? Quibus ille: Nonne, inquit, quod nunc extrahitis, vos
ipsi fecistis? Hi inquiunt: Negare non possumus · Justum est
igitur, ait rusticus, ut domum meam quam quiescentes foedastis,
vestris laboribus emundetis.
5 Sic est de servientibus discolis et superbis, quod si quid
bene fecerint, id improperare non cessant, bonorum immemo-
res receptorum; defectus vero suos vellent semper sub silentio
pertransire.

30. LEPUS ET CERVUS.

10 Lepus quidam cervum conspiciens ramosis cornibus deco-
ratum, conquestus est Jovi, se debile pecus et mutilum nulli aliorum formidatum: petiit ergo tam ad sui tuitionem quam ad de-
corem cornua sibi dari qualia habebat cervus · Dicente autem
Jove quod non posset ea pro ponderositate nimia sustinere, re-
15 spondit, se optime cornua talia portaturum · Tunc jubente Jove
creverunt ei cornua in capite ingentia et ramosa; sed cum nimis
oneratus eisdem currere non valeret, captus a pastoribus et oc-
cisus.
Sic multi multa cupiunt quibus honorari credentes confu-
20 sionem incurrunt et mortem.

31. LUPUS ET SCRABRO.

Lupo quondam in sua cavea dormiente intervenit scrabro
quidam per posteriora ipsius, qui evigilans non modico torque-
batur dolore · Cumque per angustias se super terram bacillasque
25 diutius volutasset, scrabro de parte exiit qua intraverat; quem
lupus conspiciens indignabatur se a tam modica et vili bestia
tanta passum, et ait: O miser, quomodo ausus es meliorem te
et valentiorem viribus infestare! sed nunc si alicujus valoris te
reputes, congrega genus tuum, proximos et amicos, ut contra
30 me et meos bellaturus venias in hoc campo · Quod cum ex utra-
que parte esset firmatum, venerunt de crastino parati ad pugnam,
lupus cum bestiis saltus et silvae, scrabro cum scrabronibus et
cum omni muscarum genere et vesparum · Consilio autem lupi
obturaverunt bestiae posteriora et vinculis desuper ligaverunt ·
35 Congressu autem inito, cervum asilus ictu pupugit et amarissima
quaedam vespa; qui acerbitatem puncturae non sustinens sali-
endo pepedit et in posterioribus vincula rupit · Quod cum lupus
vidisset, fortiter exclamavit: Fugiamus, o socii, fugiamus, vin-

app. 30. Rom. Rob. 19. Marie 97.
app. 31. Rom. Rob. 20. Marie 56. Legrand 4, 195.

cula jam rumpuntur; quod si aliquandiu moram trahimus, non
est aliquis nostrum qui scrabrones aut vespas, unam vel duas,
non habeat subtus caudam · Quo audito omnes fugerunt.

Sic multis contingit frequenter qui inveniente necessitatis
tempore a minoribus se, quos ante habuerant, despectui, cum 5
confusione sui non modica superantur.

32. LEO AEGROTANS.

Aegrotante quondam leone, caeterae visitantes bestiae dicebant perito ei medico opus esse · Consultae autem hae ulterius
ubi talis posset medicus reperiri, dixerunt se nullum scire peri- 10
tiorem renardo, qui tam bestiis quam volucribus loqui novit et
diversa frequenter tractabat negotia cum utrisque · Citatus ergo
renardus ut ad regem veniret, per dies aliquos se subtraxit;
quadam vero nocte clam de caverna sua exiens in scrobe quadam
prope regis cameram se abscondit, inde auscultans, audivit regem 15
de morbi sui causa circumstantes bestias alloquentem · Responsa
quidem ipsarum diligentius annotabat, cumque diversa a diversis in regis audientia dicerentur, venit Ysengrinus et ait: Nihil
impedit renardum venire ad curandum dominum nostrum regem,
ni sola pravitas animi sui nequam, propter quod ipsum tanquam 20
salutis regis contemptorem, pronuncio morte dignum · Tunc renardus, vultu gravis et incessu maturus, cameram regis intravit,
ipsumque ex parte magistrorum in urbe salernitana commoran-
tium salutavit · Cumque rex sibi mortem comminaretur propter
moram quam fecerat, ait regi: Quid facerem apud te, domine mi 25
rex, antequam certum salutis tuae remedium ferrem mecum?
Postquam tuum audivi mandatum, terras diversas peragrans,
Salernae medicos adii consulendos, qui cognito symptomate morbi
tui, hunc unum pro recuperanda salute tibi denuntiant remedium
singulare: ut pelle lupina de corpore lupi recenter extracta, ex 30
ipso adhuc sanguine calida et fumante, pectus tuum involvas ·
Haec medicina te infra triduum reddet sanum · Quo audito jussu
regis captus est lupus et vivus excoriatus, ac pellis cum sanguine
pectori regis applicata · Dimissus tandem a regis satellitibus Y-
sengrinus, cum in silvas fugeret sine pelle, sequens eum renar- 35
dus a longe clamitabat: O beati regis consiliarii, qui sic purpu-
ram induunt et scarletam! Sed quia absentem proximum linguae
aculeo pupugisti, patere nunc culicum stimulos et vesparum.

Sic evenit frequenter invidis qui, dum aliis mala fabricant,
propriis laqueis innectuntur. 40

---

app. 32. Rom. Rob. 21. vgl. Isengrinus. Grimm, R.Fuchs clxxxviiiff.

33. QUOMODO HOMINES NOVITATIBUS GAUDENT.

Fur erat insignis qui libenter nocturna silencia fefellit · Iste
igitur nocturno fatigatus circuitu in pratum venit · Erat tunc
estivum tempus cum hec facta sunt et pratum erat floribus et
5 gramine vestitum et rursum in prato dulciter murmurans discur-
rebat · Hec ergo furem lassum ad quietem invitant · Fur igitur
temporis amenitate et loci delectatus se deposuit in gramine et
membra sua quieti dedit · Sed dum sompnus eum obruit statim
scabro eum subintravit · Si autem scabronis queras ingressum
10 sue non immemor sortis per inferiorem regionem est ingressus ·
Fur ergo hospitis sui importunitatem senciens protinus evigila-
vit et in partibus illis quas scabro occupaverat graviter dolere
cepit · Venit ergo tandem ad medicos et eos super hoc casu consuluit et illi gravidum eum dixerunt esse. Et homo credidit me-
15 dicos laboris causam tetigisse, quia sic sibi visum testabatur
fuisse · Res igitur ista nova et stupenda per totam diffunditur
regionem et audientes mirati sunt et timuerunt valde quia male
portare illud dixerunt · Observabant ergo furem laborantem et
gementem circa eum assidentes ut furem rei viderent · Dum igi-
20 tur ille gemit et clamat ut periturus ecce scabro longo luctamine
fatigatus per viam quam subiit est regressus et ipse stimulator
(equorum) furis inventus est et repertus · Moralitas. Malis est
misera hominum consuetudo ut semper novitatibus gaudeant et
nova licet periculum afferant desiderant et expectant.

34. DE MULIERE ET PROCO EIUS.
25

Domina quedam mariti sui decepit absenciam, procum ad
amplexus suos intermittendo · Maritus autem reversus et per ri-
vulum ex industria interspiciens vidit eos commisceri et ait:
O ut foret quod sub umbra video. Ad hanc autem vocem mulier
30 stupefacta prosiliit et tunica distructa et spersis sine lege capillis
et in occursum marito data sic eum allocuta est: O rex carissime
quid sibi voluit optatum illud quod cum suspirio protulisti · Ille
autem refert: Visum est mihi qualiter adolescens quidam socius
thori amplexus tuos et leta basia carperet et lasciva gaudia dice-
35 ret · Ad hec mulier: Adhuc superest vobis de antiquo fale insa-
turato · Hec enim est antiqua fatuitas tua · Omni enim visioni
crederet et sompniis · Et ait homo: Non refero tibi nocturna

---

app. 33. Cod. Gotting. 34. Marie 39. Legrand 4, 234. vgl. Kirchhof
7, 193.
app. 34. Cod. Gotting. 35. Marie 40. Legrand 4, 221.

sompnia sed diurnas visiones quas oculis vidi · Et mulier respondit: Ergo omnia credis oculis? Cui vir inquit: Quis non credat oculis suis qui falli nesciunt? Et ait domina: Ergo adesto et veritatem ibimus experiri · Erat ibi dolium cum aqua sub sole positum et illuc trahit illa maritum · Hic ergo in- 5 spicies et iuvenem de quo ais invenias · Vir itaque credidit uxori et inspexit sed solum se in aqua reperit · Et dixit: Procum non invenio, sed maritum video. Et mulier dixit ad eum: Ergo vera sunt que vides · Et ait maritus: Nequaquam sunt vera sed veritatis umbra · Tunc ergo mulier conclusit et dixit: Bene igitur 10 credere potes oculis tuis qui sic te iudicem fallunt · Vir itaque ait: fallendum facilis fallitur, et verba mulieris laudavit dicens tutius fore homini credere care coniugiis fidei credere quam fallentibus oculis · Item vir dixit: Vidi et conturbatus est venter meus. Mulier dixit: Annunciate nobis quis apparuit. Non est hic quem 15 queritis · Item vir: Quesivi et non inveni illum · Moralitas hujus fabule querenda est in muliere.

35. DE FURE CREDENTI DYABOLO.

Fur in spineto dormiens sub alba spina sathanam adesse sompniavit et excusso sopore dum respicit quem in sompnis vi- 20 derat presentem habuit et dixit sathan ad illum: Care socie et semper sine fine fidelis, satis cognosco, quod tibi de iure propicius ero et vite tue, et studia que geris meo sunt digna favore, quibus si diligenter institeris, meum procul dubio sencies auxilium et invocato nomine meo securus intrabis ubique. Fur igi- 25 tur, hiis verbis monitis audacior factus, fit eciam sceleracior et memoriam sui rectoris servans in viis suis prosperatur · Tandem cum captivatus iudici traditur et dampnandus ductus est eciam ad furta furtorum solvere penas · Dum ergo sic trahitur, dum viriliter tractatus, sathanam in quo confidebatur invocat · Qui 30 protinus astans ait: Ecce, assum ne dubites · Deinde cum ad locum tormenti venit iterum dominum suum vocat · Cui dampnatorum dominus: Paciens, inquit, in omnibus quia paciencia omnia vincit · Tandem vero laqueo cervici imposito tertio defensorem suum invocat dicens: Necessitas verum amici probat experimentum, 35 ergo si quid potes adiuva quod tempus postulat et res · Moneo te per albam spinam que nostri federis est testis et obses · Et dyabolus ait: Attenus secure militasti opera nostra · Nunc autem pulchrum est videre qualis miles velis esse per te · Si michi credideris semper egenus eris · Moralitas. Sepe videmus fallaces

app. 35. Cod. Gotting. 38. Marie 72. Lafontaine 5, 11.

a fallacibus decipi et artem arte deludi, et precipue qui dyabolo
credit, ille deceptus erit.

36. QUOMODO SIMEA LAUDAVIT PROLEM.

Simea complacuit sibi in prole sua et visum est ei quod
5 forma natorum suorum incomparabilis esset, quod alie bestie
considerantes que magis iocose erant simulata eas gracia vene-
rabantur matrem et liberos de forma commendantes · Mater igitur de data sibi laude superba leonis faciem postulavit ut egre-
gios uteri sui fetus sub eius representaret laudibus · Jussa est
10 igitur in presentia regis adesse · Cui protinus natos suos osten-
tavit rogans ut ipse facies eorum laudare vellet · Et leo subridens
ait: de vobis mihi videtur quod estis bestie mirabiles, magis quam
optabiles; nec tales nati meo iudicio sunt laudandi · Sed vulgo
dicitur: quelibet vulpes sua caude refert laudem · Simea ergo
15 tristis recedens et confusa ursum habuit obvium, qui matrem
erubescentem fallaci laude iocundavit, filiorum genus et formam
commendans · Et interrogavit eam si illi essent filii quos omnes
bestiae sic laudassent · Cui laudis cupida mater respondens:
Sunt vere, vere sunt, inquit, isti nati mei quos merito laudastis.
20 Et rogavit ursus ut eas tangeret in amplexibus suis et osculare-
tur eos · Unde illa multum gavisa iuniorem illi porrexit ad osculandum · At ille per horam parvulum amplexans dum mater ad
oscula spectat, quem osculandum recepit in guttur suum trusit
devorandum · Moralitas. Omnis presbyter suas commendat
25 reliquias, quelibet vulpes caudam suam laudat · Et precipuo ca-
vendum iudico ne fallax ursus i. e. adulator illum devorat qui
vana laude delectatur.

37. QUOMODO UNUS FREGIT OVUM DRACONIS.

Draco iunxit cum homine quodam fedus societatis et ami-
30 cicie et commorabantur simul · Factum est igitur post breve
tempus ut draco thesauros suos illius viri fidei et custodie com-
mitteret, argentum scilicet et aurum cuius non erat numerus ·
Et draco doctus gemmarum fuit eciam dives earum de veste vero
preciosa si curam habuerit ignoro · Hos ergo thesauros viro com-
35 misit servandas · Post hoc autem serpens callidus fidem socii
experiri cupiens ouum in medium attulit et ait: Alius quoque
cum me expectat thesaurus non multis minor isto quem videre

---

app. 36. Cod. Gotting. 40. Marie 74. Legrand 4, 189. Avian 14. Camerar. 209.
app. 37. Cod. Gotting. 41. Marie 75. Legrand 4, 245.

debes et custodire, tu igitur de pura fide hoc ovum custodito,
quia in eo pendit vita et omnis salus mea · Hoc dicto draco in
viam ivit viro ad rerum custodiam derelicto. At ille auri cupidus
thesauro sibi de optinendo cogitavit et ovum in quo draconis vitam consistere credidit, frangere secum deliberavit, quod sine 5
mora opere complevit · Draco igitur iste ad fossum suum pro-
perando reversus, dum ovum fractum invenit, socii fidem aperte
cognovit · Moralitas. Bonum est homini amicum et socium experiri ut fidei comite tutius se credere possit et committere.

38. DE HEREMITA PROBANTE SERVUM. 10

Heremita quidam volens servum suum perscrutari, ut fidem
eius cognosceret, murem sub vasculo occultavit et ait servo: Ire
habeo ad conservos visitandos; tu vero ad custodiam celle et re-
ticularum remanebis et si quid forte opus est ut sumas, nil tibi
sit prohibitum, solum autem vas illud reversum ne tangas nec 15
removeas; nolo enim te scire quid subtus habeat · Itaque domino
abeunte servus de re interdicta sibi que nam esset mirabatur et
visum est ei quod satis rem posset scire, ita quod magister suus
nesciret · Accedens igitur ad vasculum dum vas removit murem
ibi absconditum incautus liberavit · Reversus ergo tandem here- 20
mita statim de vasis secreto servum interrogavit, utrum illud vidisset, an non · Et ait servus: Vidi quidem, sed melius non vi-
dissem · Moralitas. Sic perscrutandi sunt servi, super pauca
fideles super multa sunt constituendi · Unde poterit dicere heremita: Serve bone et fidelis etc. Sed dicere potuit famulus eius: 25
Nitimur quod non licet arcius urit.

39. DE AGRICOLA PETENTE A DEO EQUUM.

Agricola quidam habuit solum equum et videbatur sibi quod
si adhuc unum haberet quod melius curare posset et agrum ·
Supplex ergo deum rogavit et oblaciones fecit et elemosinas, ut 30
de munere divino alium equum acquirere posset · Dum itaque
in hiis votis frequens esset et dominum orando fatigaret, contingit furem solum eius equum subtrahere · Equo igitur sic amisso
homo vota sua mutavit et oraciones dicens: Domine deus sub-
tractum si reddas equum pro alio de cetero tua munia non pul- 35
sabo. Moralitas. Sic stulti non contenti bono quod habent
dum amplius optant et acquisita male servant perdunt illa vel furto
vel rapina, que si ad eos redirent ipsis videntur quod habundarent.

app. 38. Cod. Gotting. 42. Marie 46. Legrand 4, 236. Pauli 316.
app. 39. Cod. Gotting. 43. Marie 47. Legrand 4, 230.

40. DE HOMINE QUI ROGAVIT SIBI SOLI SALUTEM.

Homo quidam solitus erat tarde venire ad ecclesiam et super
genua prostratus has semper oraciones facere: Domine deus,
propicius esto mihi peccatori et uxori mee et filiis meis et am-
5 plius nulli. Ieiuno enim bis in sabbato · Quod cum alius forte
audivit, oravit et ipse sic, illo audiente: Domine deus omnipotens,
confunde ipsum et uxorem suam et filios suos et confundantur
inique agentes super vacue.

41. QUOMODO QUIDAM INVITUS OCCIDIT MONEDULLAM
10   VICINI SUI.

Urbanus quidam domitam habuit monedulam, quam crebra
admonicione ad humanas voces instruxerat · Illam vero iniquo
casu vicimus suus morti dedit · Dominus igitur mortem mone-
dule graviter ferens querimonia sua coram iudice deposuit · Cui
15 iudex ait · Dampnosa est parum mors avicule, nisi aliqua specia-
lis fuerit causa in laude · Tunc ait urbanus: Humanum visa sape·
verba enim et voces nostras mirabiliter expressit et inauditos
modulos proferre consuevit · Iudex: Si fuerit ut dicis gravem
constat esse iacturam volucris tue · Citatur igitur vicinus, dampni
20 perpetrator, qui de regulatu timidus iudicem placare intendens
pellem arietis rubricatam sub clamide sua secum tulit · Cuius
extremitatem iudex considerans signacionem rei et sermonis in-
terpretationem cognovit · Actorem primo interrogat: Quos cantus vel qualia verba habuit monedula vestra? Qui respondit:
25 Nec cantus eius scio nec verba referre valeo · Tunc iudex captus
munere pellis ait: Meo iudicio volucris est data faris, nec vita
precium dedit nec morte sua grave dampnum contulit · Moralitas. Sic multi sunt qui loqui nesciunt nec tamen reticere vo-
lunt · Igitur conquestor potuit dicere ad iudicem: Sit racio te-
30 cum nec te faciant nec ita tecum munus et ordo precum quin ius
tuearis et equum.

42. DE VILLANO QUI CEPIT GNAVUM.

Quidam villanus cepit forte gnauum monticulum, qui ut di-
mitteretur trium optionum potestatem dedit homini · Mulier ut
35 optaret virum rogavit suum affirmans se melius scire quid foret
optandum · Vir ergo mulieri duas optiones concessit · Illa autem

---

app. 40. Cod. Gotting. 44. Marie 25. Legrand 4, 247.
app. 41. Cod. Gotting. 45. Marie 48.
app. 42. Cod. Gotting. 46. Marie 24. Legrand 4, 227. Kirchhof 1, 180.

oportunum tempus expectans optare tardavit · Contigit itaque
uno die ipsam rodere spinam dorsi arietis cuius medullam satis
desideratam cum attingere non posset, os viro porrexit et ait:
Utinam haberes ferretum rostrum ad medullam hanc leviter ex-
trahendam · Statim post verba sedit maritus ferro rostratus · Tunc 5
ait uxori · Utinam esset facies mea sine rostro ut prius · Taliter optatum eorum nichil utilitatis fuit · Moralitas. Opus est
omni homini qui alterius se subiit voluntati et regimini, ut ille
qui debet eum regere ac ducere doctus sit et discretus.

43. DE VULPE LAMBENTE AQUAM. 10

Vulpes quedam de nocte ambulavit secus fluvium, viditque
umbram lune in aquis apparere et caseum esse putavit · Cepit
itaque aquam lambere, sperans quod exhausto sic flumine fundus
arefactus caseum sibi rescruciret · Sic igitur non cessavit, donec
se ipsum lambendo suffocavit · Moralitas. Sic cupidus omnis 15
tanto labore lucro insistit, quod seipsum ante tempus perdit.

44. DE LUPO VIDENTE CORVUM SUPER ARIETEM.

. Lupus vidit aliquando corvum super arietem sedentem,
graviterque suspirans talia locutus est: Corvus iste beatus est et
felici hora natus, quia ubicunque sedet, quidquid dicat, quidquid 20
faciat non est qui ei male loquitur · Michi autem si talis daretur
sedes, omnes qui me viderent, magnis in me vocibus clamitarent
et quasi ad salutem·arietis fugare properarent · Moralitas. Sic
iniquus quilibet aliene semper invidet felicitati et licet proprie
conscius sit perversitatis, dolet tamen quod alii plus creditur 25
quam sibi.

45. QUOMODO VULPES SITIVIT CANTUM GALLI.

Gallus in sterquilinio conversabatur, quem vulpes intuens
accessit et ante illum residens in hec verba prorupit · Nunquam
vidi volucrem similem tibi in decore nec cui plus laudis debetur 30
pro vocis dulcedine, patre tantum tuo excepto · Qui cum altius
voluit cantare, oculos claudere consuevit · Gallus igitur amator
laudis sicut vulpes edocuit lumina clausit et alta voce clamare
cepit · Protinus vulpes in eum irruens cantum in tristitiam ver-
tit, raptumque cantorem ad nemus properans detulit · Aderant 35

forte pastores in campo qui vulpem profugam canibus et clamo-
ribus insequebantur · Tunc gallus ait vulpi: Dicite quod vester
sum et quod nichil spectat ad eos rapina ista · Vulpe igitur in-
cipiente loqui gallus elapsus ab ore ipsius · auxilio pennarum
5 mox in arbore summa refugium invenit · Tunc vulpes ait: Ve
sibi, qui loquitur cum melius deberet tacere · Cui gallus de sub-
limi respondit: Ve sibi qui claudit oculos cum potius deberet eos
aperire · Moralitas. Non est exigua res suo tempore loqui et suo
tempore reticere · Mors enim et vita in manibns liugue sunt.

10 **46. DE VULPE ET COLUMBA.**

Vulpes uno tempore de caverna ad querendam escam egressa
columbam in crucis summitate sedentem vidit et eam optavit ·
Accessit ergo properius et facta salutacione solite calliditatis
verba sic protulit: Miror satis quod flante borea et aere tur-
15 bato tam sublimes sedes eligatis · Meo igitur consilio locus inferior et nobis vicinior vobis placere deberet ut confabulando diem
deduceremus · Respondit columba · Parvi cordis sumus et ti-
midi et ideo pro securitate in eminenti loco libenter sumus · Procul sit, ait vulpes, omnis timor et horror · Recenter enim de
20 curia venio ubi lites prohibite sunt et rapine et lecte sunt carte
perpetue pacis nec auderem pro vita mea torve vos inspicere ·
Tunc ait columba: Si vera refertis nuncii nobis scripta fides;
placet libenter quod redimerem tempus in fabulis vestris · Sed
ecce duo in equis trahentes canes per viam hanc insistunt ve-
25 nandi studia ut mihi videtur promittentes · Hiis ergo auditis vulpes territa si prope sint inquirit et si eos latitando fallere
possit interrogavit · Vulpes enim de canibus utrum literas pacis
audierunt se dubitare dicit · Et ait columba: Forte litere sunt
scripte sed non sigillate · Moralitas. Sic debet sapiens quisque
30 adversarium suum alienare · Nihil enim peragit utilitatis familiaris hostis.

47. DE EQUO SE LEDENTE.

Equus esuriens vidit agnum segete letum sed spinas que viam
claudebant non aspexit, donec viscerum gravia vulnera sensit ·
35 Moralitas. Sic cupidi cupienda vident, sed spinosos aditus minus considerantes in lucra dum properant pro lucris dampna re-
portant.

app. 46. Cod. Gotting. 50. Rom.Stainhöw. Nachtrag (4,18). Marie 52.
Kirchhof 3, 128.
app. 47. Cod. Gotting. 52. Marie 54.

48. QUOMODO QUIDAM VOLUIT VENDERE EQUUM ET HIRCUM.

Homo quidam obtulit foro hircum fetidum et pilosum et cum eo elegantis forme equum, ut utrum venderet et emptori estimacionem precii talento proposuit · Institit ergo emptor cu- 5 piens equum tantummodo emere,hircum vero venditori relinquere· Rennuit ille dicens ut vel utrumque teneret vel utroque careret · Moralitas. Equus et hircus virtutes sunt et vicia in malis et perversis hominibus, qui cum eis inseparabiliter coherent · Si pravis cohabitare voluit, si qua in eis sit virtus quamlibet rara in 10 omni actione sua vicium adesse necessarium est, nec equus peterit eciam sine hirco.

49. QUOMODO CERVUS OCCIDITUR IUSSU VULPIS UT COR FURETUR ET COMEDAT.

Accidit aliquando ut leo graviter infirmaretur et astiterunt 15 universe bestie · Inter quas que artem medicine noverint sic ei dixerunt: De infirmitate, o rex, diu tractavimus multum sollicite et libentissime tibi subveniremus, nec possumus nisi cor cervi habeamus · Apprehensus igitur est cervus et decoriatus ab hiis quibus illud officii erat iniunctum · Circumstabant autem singule 20 bestie et eo eviscerato cor euulsum est ad leonem deportandum, ut cum ex eo gustasset leo cito recuperata sanitate a lecto egritudinis exsurgeret · Sed inter hoc vulpecula cor cervi, quod casu depositum erat, dolose furata est et comedit, quod inter omnes bestias quesitum et diligentissime investigatum apud nullam illo- 25 rum inventum est · Vulpeculam autem suspectam de hoc habuerunt et incusabant eam ut cor cervi domino suo tam utile devorasset · Quibus respondit vulpecula: Plane iniuriam sustineo pro eo quod hoc nefas mihi imponitis · Sunt enim alie quam plures bestie quos iustius incusare debetis quam me, an putatis, me 30 tam impie velle agere? Sed si leoni fuero exhibita coram ipso innocenciam meam declarabo, quod quid coram vobis ostendere non valeo · Consensiunt itaque bestie et dicunt · Apud nos innocens haberi poteris, si de innocencia tua leoni constare feceris · Astitit igitur coram leone, cui et leo dixit: Ubi est cor cervi quod 35 medicine mee fuit apponendum? Vulpecula cum ammiracione respondit: Putas, o rex, quod cervus habuit cor? ipse procul dubio cum deberet occidi ut ipse vidit in prima congregacione cum

---

app. 48. Cod. Gotting. 53. Marie 55. Legrand 4, 178.
app. 49. Cod. Gotting. 59. Marie 61.

eum apprehendere vellemus, vix elapsus est· Et ad secundam
venit et vix manus nostras effugit · Si igitur cor habuisset ad ter-
ciam congregacionem, ubi occidebatur, non venisset · Verum est,
ait leo, et ex hoc manifestum est, cor eum non habuisse · Et ita
5 calliditate sua evasit vulpecula · Moralitas. Sic sepe prudens aliquis propter virtutem suam, que singula facile credit ab iniquo ·
et doloso decipitur.

50. QUOMODO HERINACIUS ADHESIT LUPO.

Contigit una vice quod lupus et herinacius se consociabant
10 et statutum est inter eos ut herinacius se contra canum seviciam
opponeret · Est enim consuetudo herinacii ut insequentibus canibus se in globum colligat · Sic confederati ad villam venerunt
et furati sunt ovem · Lupus autem, qui ferebat ovem, fugam
arripuit et post se socium reliquit, qui canes ab insecucione pro-
15 hiberet · Sed vidit herinacius quod cetarum suarum aculei contra canes illi valere possent, contra homines vero illi nihil pro-
dessent, et vocavit lupum ut sibi ferret auxilium · Respondit
lupus ei: Quid tibi faciam nescio, cum simus remoti a silva et a
manu valida rustici cum canibus instant · Saltem, inquit herina-
20 cius michi osculum dare poteris, ut possis referre amicis
meis, quanta dileccione in articulo mortis positi ab invicem se-
parati simus · Vera mones, inquit lupus, et hoc faciam · Et accessit et osculatus est eum · At ille deosculantis se labia dentibus
arripiens indissolubiliter ei adhesit · Instant canes' et lupus ad-
25 herentem sibi deportat licet invitus: Lupus ait: Dimitte me saltem adhuc quoniam in brevi ambo capiemur · Respondit herinacius: Vere scias quod non dimittam te quia iustum est et bene
decet ut socii tam fideliter coniuncti aut simul evadant ant simul
capiantur · Ventum est igitur ad silvam et videns herinacius qua-
30 liter posset evadere laxavit dentes quibus lupi labia construxerat
et in arborem que sibi erat vicina conscendit · Jace, inquit lupus,
misera bestiola, et defende te a canibus, ego vero fugiam in latebras silvarum ut salvus evadam · Respondit herinacius: Juratum
fedus mutue societatis turpiter disrumpis, cum tu reversus ad
35 ovem post tergum me relinquis; sed fac cum ove mea permissione
quod volueris, si te canum absterret presencia · Moralitas. Sic
contingit deceptori, quod se ipsum decipit, ubi alium decipere
intendit.

---

app. 50. Cod. Gotting. 60. Marie 62. vgl. 78. Legrand 4, 211.

51. QVOMODO LUPI INTRAVERUNT MESSEM.

Accidit aliquando ut duo lupi sibi invicem occurrerent et confabulantes de hoc ceperunt agere inter se quod homines naturaliter lupos odiunt et eos inclamant eciam cum nichil mali eis facere intendant · Et dixit unus ad alterum: Homines nunquam 5 viderunt nos aliquid boni facere; sed si semel viderint nos bene facere, credent deinceps similiter nos velle malefacere · Respondit alter: quid enim poterimus boni facere, ut hoc exemplo bona de nobis sperentur? Alter dixit: Exeamus foras de nemore, et quia in labore agrorum sunt homines, adiuvemus eos manipulos 10 colligere · Sic ergo egressi de silva in campum venerunt et collegerunt manipulos sicut condixerant · Nec mora statim ut viderent homines lupos in agro, cum clamore valido sunt eos insecuti · Ammirati sunt lupi et dixerunt: Quid sibi vult hoc, quod nos inclamant sic isti, cum non malum sed bonum ipsorum me- 15 lioramur? Redeamus ergo, ayt alter, et sicut consuevimus agamus; sive enim bonum, sive malum fecerimus, homines semper habebunt nos exosos · Moralitas. Sic est de malis hominibus cum expectatam mercedem et favorem non recipiunt, statim a bono opere torpescunt. 20

52. QUOMODO LEO DIIUDICAVIT LUPUM ET VULPEM.

Inter vulpeculam et lupum graves sunt orte discordie et hoc malum adeo invaluit, quod nullo modo concordare potuerunt · Sed stabant aliquando coram iudice leone, videlicet qui rex bestiarum est vocatus, ubi lupus causatus est vulpeculam, probabiles 25 asserans causas, quibus adversus vulpeculam iuste deberet irasci · Illa vero equaliter suas proponit iniurias · Et ait leo: Iustior quidem, ut mihi videtur, est causa vulpecule et vera sunt forsan que loquitur · Sed mendacia lupi maioris sunt auctoritatis quam veritates vulpecule · Moralitas. Sic qui mendaciis est assuetus, 30 si aliquando vera loquitur, sibi non creditur.

53. QUOMODO PICTOR UXOREM REPREHENDIT·

Quidam pictor fuit, qui quod pingebat, uxori sue ad consuendum commendabat, ut in singulis quos ipse fecerat tractibus, ipsum consuendo imitaretur · Respexit pictor et vidit ineptum 35 opus et cepit incusare operatricem de negligencia · Videns ergo

app. 51. Cod. Gotting. 63. Marie 88. Legrand 4, 207, vgl. 1, 383. Lafontaine 10, 6, vgl. 12, 9.
app. 52. Cod. Gotting. 64.
app. 53. Cod. Gotting. 66. vgl. Marie 91. Legrand 4, 176.

illa virum iratum et sciens quod non fuerat negligens sed debito
modo pertractos tractus fuerat insecuta, respondit pictori: Tu
me asseris opus tuum deformasse cum ego nichil aliud adiece-
rim vel depresserim quam quod tu depinxeras · Disce igitur pri-
5 mum tractos tuos recto ordine formare, ut ego apte valeam tuam
imitari prudenciam · Moralitas. Sic multi sunt qui culpas suas
in alios reflectunt et unde ipsi corrigendi essent alios corrigunt.

54. QUOMODO CERVUS INSTRUXIT HINNULUM.

Cerva dum esset in pascuis cepit instruere hinnulum suum
10 ut sui cautelam gereret · Interim accidit quod venatorem obvium
habuerunt et quesivit quisnam hoc esset et quo essent instru-
menta que manu gessebat · Illa dixit hoc est ille quem te oportet maxime timere et quem diligentissime notare debes, ut si forte
tibi occurrerit cautus sis ut eum devites · Cui ille respondit:
15 Ego quidem optime eum novi sed timendus quia ipsum pavidum
esse vidi · Consideravi enim quod cum de equo descendit ipsum
inter nos medium statuit quia, ut mihi videtur, nos expavit; per-
pendo eciam timorem ipsius ex hoc, quod quasi latitando vadit
densissimis se rubis immergens · Sed queso te, quid est hoc quod
20 manu gerit? Mater ait: lignum hoc bicurve et curvum valde peri-
culosum est et maxime timendum, et illud quod in media corde
tenetur periculosissimum est · Cui parvulus: Si, inquit, adeo periculosa sunt ista, cur ea homo toto conamine trahit ad se? Vera,
inquit mater, periculosa sunt et quantomagis ad se traxerat ea,
25 tanto cicius ad nos perveniet· Moralitas. Sic stulti dampna et
periculum non prevident.

55. QUOMODO CORVUS FILIOS DOCUIT.

Corvus consedit in arbore quadam secus viam et cum eo
pulli sui · Sedens igitur pullos quos habebat monebat attencius
30 ut cauti essent · Deambulabat autem homo eadem via et dixit
corvus ad pullos: Ilic est ille quem vos maxime cavere oportet
et vos si videritis eum inclinantem se ad terram ad levandum
de terra lapidem vel lignum quibus vos iactet, tunc fugite velo-
citer · Cui unus pullorum respondit: Eciam si se non inclinave-
35 rit ad levandum aliquod quo nos insistet appropinquando talem
virum vel aliquem alium fugere volo. · Bonum est, inquit pater,
et de cetero non sollicitabor sed alios pullos ut cauti sunt ammo-
nebo; tu, inquit, sapiencior me non factus es ut audeo.

app. 54. Cod. Gotting. 67. Marie 92. Legrand 4, 179. Lafontaine 6, 5.
app. 55. Cod. Gotting. 68. Marie 93. Legrand 4, 181.

56. QUOMODO CAPRA PETIVIT MISERICORDIAM A LUPO.

Capra dum esset in pascuis inter rubos lupum obvium habuit · Quid hic agis, inquit lupus, inter opaca nemora? Capra respondit: a facie vestra, domine mi, diu longeque diffugi, sed ecce nunc sponte vobis occurro et queso ut misericordiam me- 5 cum agatis · Cui lupus ait: et ego undique te quesivi et bene iam te in pascuis meis inveni · Inveni enim quam diligit anima mea et misericordiam tecum faciam quam volueris, sed vitam de cetero habere non poteris · Vitam, inquit capra, non peto, sed rogo, ut vivendi spacium mihi concedas, donec duas missas decantem, 10 unam pro me et alteram pro te · Concedo, inquit lupus, quid rogas · Et ait capra: ducite ergo me in eminentem hunc locum ut cum superis vicinior fuero; ipsi me melius audiant cantantem et orantem et capre silvestres et domestice audierint ipse devote reddite pro me et pro vobis orabunt · Factumque est ut rogavit · 15 Constituta igitur in eminenti loco respiciens celum cepit alta voce clamare · Et lupus astitit ei credens quod missam cantaret · Audieruntque clamorem capre vicini canes et rustici egressi de villis lupum insecuti sunt et comprehenderunt eum et fustibus impie eum ceciderunt et capram de suis morsibus liberaverunt · 20 qui dum traheretur et cederetur ad capram dixit: Heu me infelicem, quia ut video pro me minus, pro te autem optime orasti · Et ait capra: sufficere mihi debet, quod oraciones mee pro me sola exaudite sint · Moralitas. Sic multi cum aliena negocia se tractare dicunt et promittunt, pro suis magis solliciti sunt et pro- 25 priis utilitatibus insistunt · Versus: Plus aliis pro te quam tu tibi credere noli; qui tibi dormitat scit vigilare sibi.

57. DE UXORE PROTERVA.

Homo quidam habuit uxorem rebellem et contumacem et garrulam · Contigit ergo quod aliquando pariter ambularent in 30 prato quod nuper dominus prati cum summa diligencia falcaverat, et ait homo: quam diligenter et congrue falcatum est hoc pratum · Mentitis, ait mulier, quoniam forpice precisum est · Semper, inquit vir, verbis meis contraria fuisti; sed tamen vere scio quod pratum vicinus meus falco dimescit · Deliras, ait mu- 35 lier, quia forpice factum est · Hoc secundum consuetudinem tuam, inquit vir, semper novissima vis retinere verba · Et deiciens illam incubuit super eam et dixit: Ego lingue officium, qua semper

fuisti proterva locuta, tibi impediam, nisi mihi consencies · Et
ait vir: Quo instrumento precisum est pratum? Quia igitur linguam eius arripuerat et fortiter premebat, plena verba formare
non poterat sed orphise pro forpice dixit · Tunc incepit linguam
5 incidere et quesivit ut quesierat ante · Illa autem, quia iam linguam amiserat et loqui non potuit, signo quo potuit pertinaciam
ostendit forpicis formam et officium digitis ostentans · Sic vir
mulieris linguam amputavit · Moralitas. Sic litigosi et contuma-
ces iurgia sua semper malo fine concludunt; malunt enim iniuste
10 alios superare quam ipsi iusti subiciantur.

58. ITERUM DE UXORE PROTERVA.

Quidam homo habuit uxorem sibi protervam et adversantem
et ivit cum servis suis ad torrentem ut ex eo haurirent aquas ad
faciendum piscinam · Et exiebant ab eo servi ut escas secum tol-
15 lerent quibus post laborem reficerentur · Sic inquit homo opus
est · Euntes ergo tollite cibaria de uxore mea, verumtamen non
dicatis ei quod hoc fit ex mea voluntate vel quod ego eis refici
debeam · Abierunt ergo servi consilium domini sui dicentes : Opus
grave nobis iniunctum est, sed desunt nobis cibaria, quia ipse
20 dominus noster parcus est nec refici vult · Et ait mulier: Ipse
quidem sicut dignus est permaneat in perpetua abstinencia, sed
ego veniam et largiter vobis ministrabo   Insecuta est ergo eos
hora prandei, portans secum omnium rerum sufficienciam et precepit eos discumbere viro ad opus stante · Cum autem inciperent
25 comedere, accessit vir ut et ipse cibum caperet et resedit iuxta
mulierem · Sed illa videns quod vir vellet comedere, cepit se ab
ipso elongare · Vir autem ad illam se traxit · Cum autem contra-
rium sic interentur mulier elongando, vir accedendo, ipsa forte
in alveum fluentis aque corruit et submersa est · Decurrerunt
30 ergo servi secus flumine ad vadum quoddam, ut eam sibi com-
prehenderent · Quibus ait dominus: Frustra eam in decurrenti-
bus aquis queritis; expectate eam ad ortum fluminis et illuc pro-
perate, quia ut solebat vivens contra me niti, sic mortua contra
impetum nititur fluvii · Moralitas. Si perversa tibi fuerit mulier,
35 noli cum ea contendere, quia sicut pellem ei abstrahere non potes, sic nec perversitatem ispius extirpare prevalebis.

59. DE DOMINO ET SERVO SE RESPICIENTIBUS.

Dominus et servus mutuo se respiciunt · Servus debet do-

---

app. 58. Cod. Gotting. 72. Marie 96. Pauli 595.
app. 59. Cod. Gotting. 73.

minum revereri et dominus debet servum diligere et tueri · Dominus non potest habere honorem nisi a servo, et servus non
potest habere bonum nisi a domino · Neuter ergo istorum sine
altero valet sicut nec pes nec manus sine ventre, nec venter sine
manu vel pede.							5

60. QUOMODO MILES AUDIVIT DUOS LATRONES.

Miles in campo equitans vidit duos latrones simul susurran-
tes et quasi furtorum consilia tractantes; et accedens ad eos:
Quid sibi vult illa susurracio? quesivit, cum in vano campo possent nullo audiente loqui que vellent · Et alter eorum respondit 10
ei: Non est necesse ut sic faciamus, sed istud videtur nobis magne
nequicie opus et ideo placet nobis · M o r a l i t a s. Sic stulti et nequam
faciunt cum suas nequicias exercent et produnt ubi nichil inde
requirunt.

### 61. QUOMODO MULUS VOLUIT NUBERE SOLI.	15

Mulus cum vellet nubere, filiam solis sibi sponsam expecii-
utpote ut qui de alto genere suum instituere intendebat coniut
gium super hoc solem sollicitare cepit · Cui ait sol: Si genus e,
potenciam in sponsa requiris, ostendam tibi potenciorem met
nubem videlicet, qui radios meos, ne mundo luceam, sepissime 20
se abscondit · Vadam, inquit mulus, et ejus expetam filiam, quia
tu eius potenciam tibi proponis · Venit igitur ad nubem, expetens
ab ea filiam suam · Cui nubes respondit: Si genus et potenciam
in sponsa requiris, ostendam potenciorem me, ventum scilicet,
qui me dissipat et dividit in diversas celi plagas · Si ita est, ait 25
mulus, ipsius filie coniugium petam, quia potenciam ipsius pre-
dicas esse tantam · Venit ergo ad ventum dicens: Quia duabus
fortior diceris, sole videlicet et nube, filiam tuam utpote magnis
natalibus ortam sponsam peto · Cui ventus: Si vires filiam muri
expete, quia ipsa viribus meis valide resistit et impetus meos 30
valida sustinet fortitudine · Vadam, inquit mulus, et quid horta-
ris faciam maxime cum eius fortitudinem tam validam dicas ·
Venit ergo ad murum dicens: Ventus cuius filiam expecii me
misit ad te vires tuas validas ostendens esse · Da igitur mihi filiam
tuam · Cui respondit murus: Si alicuius potentis requiris filiam, 35
ostendam tibi cui ego resistere non valeo · Mus qui interiora mea
rimatur assidue, qui ubi fortissimus sum me perfodit et in summitate mea calamos suos collocat, ipse est, quem me iudico for-

app. 60. Cod. Gotting. 111. Marie 21. Legrand 4, 192.
app. 61. Cod. Gotting. 114. Marie 64. Lafontaine 9, 7.

ciorem · Satis est, inquit mulus, sed filia ipsius ait: Intendebam
aliunde parentelam contrahere ut genus meum nobilitarem · Respondit murus: Cum ad diversos transieris apciorem tibi
nuptam quam filiam muris nunquam invenies, que si talem que
5 alcioris est generis assumpseris, dum semper ad naturales ten-
dit dignitates · Tu in natura tua permanere contendis · Et erit
sine dubio inter vos gravis dissencio · M o r a l i t a s. Sic fit de illis
qui sibi parem nullum existimant quando supra se ire conten-
dunt, infra se corruunt, et dum naturam suam fallere cupiunt,
10 nolentes in eandem redeunt.

62. QUOMODO TAXUS IUNXIT SE PORCIS.

Habundancia erat glandis maxima et dimissi sunt porci cum
pastoribus ad nemora · Taxus ergo nemoris alumpnus et incola,
qui glandibus vivebat videns eas vastari porcis se sociabat et de
15 genere ipsorum se esse dixit, unde et merito ipsis communicare
deberet in pascuis · Cum autem postea vidit incrassatos porcos
securibus subduci et interfici, idem de se metuens carnificibus
ait: In me non debetis servire, quia canis sum natura et quia nec
humanis usibus aptus et esibus humanis Et ostendit ei ungulas
20 suas et argumentum et more canis terram scalpere cepit unguibus suis caninis · M o r a l i t a s. Sic multicupidi et astuti duas vias
ingrediuntur, quibus eciam alios se ducunt; sed cognita eorum
versucia, et si quando libet benefecerint, vel vera locuti sunt, nul-
lius tamen sunt momenti que dicunt vel que faciunt.

25   ### 63. QUOMODO LUPUS CECIDIT IN CIPPO.

Lupus et herinacius iungebantur federe · Contigit interim
lupum minus caute ambulantem in cippum intrare et captus est
pede · Rogavit ergo socium herinacium ut ei fideliter assisteret
et in tanta necessitate ut bonus amicus et socius sibi subveniret ·
30 Cui respondit herinacius: Subvenire vobis minime possum antequam sancti a quibus ligatus estis vos solvant · Multa enim fateor
pro satisfaccione excessuum satis vovistis que ut mihi videtur,
mihi bene persolvistis · Carnium videlicet abstinenciam vel aliqua
huiusmodi et mihi offensi a vobis permiserunt vos in laqueum
35 venire · Agendum ergo vobis est pro gracia eorum quam si ob-
tinueris poterit nobis prodesse mea societas, aliter non, quia di-
vine voluntati obviare nullatenus audeo · M o r a l i t a s. Noli nimis
confidere in socio sed tu te ipsum custodito · Item dixit heri-

app. 62. Cod. Gotting. 117. Marie 77. Legrand 4, 183.
app. 63. Cod. Gotting. 118. Marie 78, vgl. 62. Lafontaine 6,16; 8,17.

nacius · Memor esto fili, quam pauperem vitam gerimus, habebis
multa bona, si timueris deum   Item lupus: Adiuva me et salvus ero domine.

64. QUOMODO LUPUS NAVIGAVIT TRANS FLUMEN.

Lupus in aliam regionem transiturus venit ad fluvium, quem 5
cum videret latum et altum non audebat se undis committere,
sed rogavit nautam ut ipsum in navicula sua transportaret · Faciam, inquit, si naulum dederis · Et ait lupus: Dabo quid volueris,
tantum recipiat me navis · Iussus est ergo intrare et navis soluta
est a littore · Tunc ait lupus homini: Dic mihi quid tibi daturus 10
sum mercedis · Tria vera, inquit, mihi dicas pro precio · Placuit
hoc lupo et statim unum protulit dicens: Beneficat qui benefacit·
Et ait nauta: Satis verum est illud · Post hoc iam in medio flumine transito protulit secundum dicens: Qui sic non facit peius
facit · Istud non minus verum est, ait homo · Et exegit tercium · 15
Cui lupus: Tercium non habeo pre manibus, sed interim quod
littori approximamus mihi cogitabo · Illis ergo prope littus factis
lupus saltu de navi extulit et in sicco constitutus ait: Quidquid
boni fit perverso perditum est ex integro · M o r a l i t a s. Verum est
lupi proverbium, quia male expenditur quidquid male impenditur. 20

65. QUOMODO PRESBITER DOCUIT LUPUM LITERAS.

Presbiter quidam docuit lupum literas · Presbiter dixit a et
lupus similiter · Presbiter b, et lupus similiter · Presbiter dixit c
et lupus similiter · Modo congrega ait presbiter et sillabica · Et
respondit lupus: Sillabicare non scio · Cui presbiter: Ut tibi me- 25
lius videtur sic dicito · mihi videtur quod hoc optime sonat agnus
Tunc presbiter ait: Quod in corde hoc in ore · M o r a l i t a s. Lingua clamat quod cor amat, hinc sepe datur intelligere quid verum
sit in corde teneri.

66. QUOMODO PASSERES A TRITURATORIBUS OCCI- 30
DUNTUR.

Homines triturabant in horreo et hirundo in trabe reside-
bat dulcibus lasciva modulis diem salutans et passeres ante hostium foris elapsa grana queritabant · Quibus ait hirundo: Cur
sic foris manetis et aperto vobis hostio ad granorum copiam in- 35
tratis? Qui ridentes dixerunt: Quia timemus homines et maxime

---

app. 64. Cod. Gotting. 119. Marie 79. Kirchhof 4, 34. Gesta Romanor.
167. Pauli 380.
  app. 65. Cod. Gotting. 122. Marie 82. Legrand 4, 220. Pauli 338.
  app. 66. Cod. Gotting. 124. Marie 84. Lafontaine 1, 8.

baculos illos quibus frumenta illa flagellant · Et ait hirundo: Numquid timetis qualiter advolare me permittunt et intus esse sine of-
fensa sic et vos non offendent · Sic ergo monitis eius animati intus
convolant et quasi ad prandeum invitati spicas libere excuciunt
5 et expilant · Trituratores autem cum viderent eos audacter intrare, dixerunt inter se, qualiter crastina die clausis ianuis eas
capere vellent et male tractare · Hoc ergo consilium cum audiret
hirundo et intelligeret, ne crastino venirent eos admonuit · Quibus mane non intrantibus mirati sunt homines et consilium eo-
10 rum ab hirundine proditum intellexerunt et dixerunt ad invicem:
Falli equidem poterit hirundo garrula, si nos murmuraremus
verba dicentes, quod nichil mali velimus facere passeribus in-
gressis · Et hirundine reversa fecerunt sicut predixerant · Audiens
ergo hirundo illos pacem promittere passeribus, audita retulit
15 eis et ausi sunt miseri venire secundo · Omnibus igitur intus re-
ceptis clauserunt hostia viri · Et dati sunt passeres in captivita-
tem et mortem paucis evadentibus, qui hirundini mendacia sua
improperabant, illum arguentes quod in mortem eos vocasset ·
Quibus illa respondit: Ego melius non potui, quia vera dicentibus
20 illis verax fui, et cum ipsi mentirentur inventa sum cum ipsis
mentiri · Moralitas. Sic multi aliorum mendacia referunt in
quibus se mentiri nesciunt.

67. QUOMODO LUPUS LOQUEBATUR COLUMBE DE DOMO
ET IGNE.

25   Lupus vidit columbam silvestrem ramunculos colligentem,
et ait illi: Tota die ego video te ligna circuire et ramos congregare, sed numquam vidi te bonam domum habere vel bonum
ignem facere · Cui columba respondit: Semper ex quo vicini fuimus te vidi oves trahere et congregare, sed numquam vidi te
30 melius vestitum inde vel maiorem habere familiam · Moralitas.
Sic raptores vel mali eque laborant ut boni, semper tamen per-
maneant ut miseri.

68. QVOMODO HOMO IN NAVICULA COMMISIT SE DEO.

        Homo volens in navicula brachium maris transire, invoca-
35 vit deum, rogans ut ei assisteret et ad optatum portum dirigeret ·
Media autem via facta irruit in naviculam tempestas et quassari
cepit · Ille et trepidare · Rogavit ergo dominum, ut stacionem
unde exivit cum remitteret · Sed cum verso remigio non tempta-

app. 67. Cod. Gotting. 126. Marie 99.
app. 68. Cod. Gotting. 128. Marie 100.

ret obviantibus undis impeditus, tunc ergo desperans quod ad
neutrum littus venire possit, ait ad dominum: Fac mecum, domine secundum voluntatem tuam, ex quo meam facere non vis·
Et facto sermone prosperis impulsus flatibus in optato litore est
constitutus·Moralitas. Qui voluntatem suam domino subicit vo- 5
luntati certus esse poterit ipsum in periculis a deo non derelinqui.

69. QUOMODO FILIUS INTERROGAVIT PATREM SENEM: QUID FACIAM POST MORTEM TUAM, PATER?

Senex quidam iuvenem filium habuit · Ille autem videns pa-
trem suum inanius vergere et iam vesperis pergere, de statu suo 10
cum consuluit et que patria sibi adeunda foret post mortem suam
ipsum interrogavit · Et ait pater filio: Terra in qua dilectus sis
hominibus in ea erit habitatio tua · Respondit filius: Si talem non
invenero terram, quam tunc ingrediar · Esto tunc in terra ubi ti-
mearis ab omnibus · Et ait iterum iuvenis: Quid igitur agendum 15
iudices, si nec istam invenero? Et si nec hanc nec illam invene-
ris, ait pater, tunc esto in terra in qua nichil habes agere · Et si
nec istam invenero, pater? Tunc senex inquit: In nulla tunc
terra maneas, ubi aliquis te cognoscit Undicumque enim ad ce-
lum una via.   20

70. DE CATTO INFULATO.

Cattus sedit super fornicem infulatus et baculo suo innixus,
muresque convocans et sorices episcopum se esse dixit · Et ad
benediccionem suam eos inclinare precepit et sibi fieri obedien-
tes · Cui antiquus sorex sic respondit: Carius est mihi ut moriar 25
paganus, quam quod sub vestra manu fiam cristianus · Tunc ergo
mures et sorices a benediccione fugientes in suis se latebris oc-
cultaverunt, et mitram suam cattus exuens episcopatum deposuit·
Moralitas. Sorex timuit quod si catti imperio se subdidi, sed quod
ab eius domineo cum vellet, non se facile persolveret, quia leve 30
est potestati alterius se subicere, inde auelli solet esse difficile.

71. QUOMODO GALLINA NOLUIT TERRAM MITTERE SCALPERE.

Domina interrogavit gallinam, quare terram scalperet pedibus · At illa cupiditate sua servire respondit · Cui ait domina: 35
Ut ergo scalpere cesses, volo tibi in die modium frumenti dare·

app. 69. Cod. Gotting. 129. Marie 101. Legrand 4, 185.
app. 70. Cod. Gotting. 130. Marie 102.
app. 71. Cod. Gotting. 131. Marie 103. cf. Rom. 3, 8.

Et ait gallina: Fieri non potest, ut munus tuum mea cupiditate
sit dicius, quia si duos mihi in die modios dares, adhuc tamen
cupirem et terram scalperem · Moralitas. Natura quidem modico
contenta est, cupiditas autem saturari non potest · Unde quidam:
5 Sume cibum modice, medico me fovetur.

72. QUOMODO VINEA DEBUIT REGNARE ARBORIBUS.

Arbores silvarum in unum conveniunt locum et de rege sibi
constituendo tractaverunt · Eminens ergo quedam et ampla de
sapientissimis ut reor una vineam elegit in regem · Sed vinea
10 renuit, dicens se regnare non posse eo quod esset debilis et nihil
per se facere posset sine sustentacione · Elegerunt ergo aebam
spinam, dicentes quod bene deceret ipsam esse regem, quia valida esset et pulchra: Sed nec ipsa attemptaverit affirmans, hoc
non debere fieri, cum ipsa fructum non faceret · Et ita plures
15 sunt electe, sed quelibet excusacionem invenit, quare hoc fieri
non deceret Non inventa igitur aliqua, que rex esse vellet, una
quam genescem nominavit, super pedes se erigens dixisse fertur: Michi sceptrum merito concederetur, quia regnum cupio et
rex esse debeo · Genus enim meum dulcissimum est et nobile ·
20 Cui cetere respondentes dixerunt: In omni lignorum genere vi-
liorem et pauperiorem non scimus · Et ait illa: Si ego non fuero,
numquam illam quam elegeritis honorabo, nec eos diligam qui
alium quam me constituant · Et dixerunt ei arbores: Quid ergo
nobis facere poteris, si vel regem nostrum vel nos non diligeris?
25 Illa ergo respondens ait: Licet ego videar vobis vilis, tamen illud
non ipsum perficere possum quod cogitaveram facere si rex essem ·
Et interrogabant eam omnes quid hoc esset Quibus ipsa dixit ·
Ego cogitaveram facere quod nulla arbor que subtus me staret,
amplius cresceret · Credibile satis est, dixerunt alie, quod faceres
30 nobis si rex esses et potens · Quid ergo faciendum iudicas cum
nos simus te forciores? Illa autem non respondit ad interrogata
sed ait: Modo quod non valeo vos ledere sine dampno meo; atta-
men que cogitavi explere complebo facere in quam possum ut
herba vel arbor que subtus me est non crescat et que supra me
35 est arefiat, sed ut hoc fiat necesse ut ipse ardeam · Ideoque cum
omni congracione que mihi vicina est comburi volo ut mecum
ardeant ille que nobiles faciunt et magnos fructus · Moralitas.
Sic sunt qui malis delectantur et seipsos quoque gravant, ut aliis
nocere possint.

app. 72. Cod. Gotting. 133. Odo. 1. Iudic. 9, 8—15.

73. QUOMODO IUVENIS LEO VOLUIT REGERE VIVENTE PATRE ET EUM AMMOVERE.

Leo tres habuit de legittima sua filios · Contigit autem ut mater filiorum moreretur, et ipse aliam ducere volens uxorem in regionem longinquam transire disposuit, nuptam quesiturus que 5 regalibus thalamis conveniret · Commisit igitur regnum suum filio primogenito et abiit · Eo itaque moram faciente filius suus uxorem duxit et se regem faciens fratres suos ut sibi homagium facerent coegit · Erat autem ursi filia, quam sibi iunxit uxorem · Pater vero in regione illa in qua profectus erat nuptam despon- 10 savit et ad celebrandas regales nupcias ad regnum suum ire paravit · Premisit ergo legatos, qui adventum filio suo nunciarent et nupciis suis tantis necessaria preparari iuberent · Filius vero de legacione patris audita ipse honorum gaudens et imperio, patri denunciavit, ut aliud sibi regnum acquireret, quia istud suum 15 esse deberet · Et tales se dixit habere adiutores per quos nolente patre in regno permaneret · Hiis igitur pater turbatus mandavit amicis sponse sue et parentibus ut in eius venirent auxilium et in tante presumpcionis armarentur ulcionem · Venerunt itaque vulpes et vulpecule cum tota progenie, famosum ducentes exer- 20 citum et indictum est bellum · Vulpes autem non tam in armis quam in artibus suis confidentes illis insistunt et latas foveas et profundas in campo belli fieri precipiunt et ramis melle illitis aperire et herbis · Die igitur statuto iuvenis leo cum fratribus suis et magno ursorum exercitu venit in campum, et quilibet 25 fratrum equitavit ursum · Illi autem pugne cupidi erectis signis suis in partem tendunt adversam · Pater vero timorem simulans in alia parte fovearum acies suas detinebat · Ursi igitur audaces et superbi in animositate sua gradientes, mox ut mellis senserunt odorem, ad ramos delinitos accesserunt · Et dum mellis fraudes 30 sequuntur nimis ipsi cum suis equitibus subruunt in foveas, et sic patri cessit victoria et negatum sibi regnum recepit, adiutus magis arte vulpium quam viribus armorum · Moralitas. Nullus homo, quamdiu ipsi potest militare debet regnum suum et potestatem et honorem filio suo ex integro et in plena potestate 35 dare.

app. 73. Cod. Gotting. 134.

REGISTER.

DRUCKFEHLER.

S. X, Z. 16 v. u. l. genommenen st. genommen.
S. XII, Z. 13 v. o. l. zu st. zur.
S. XVII, Z. 9 v. o. ist Rom. 1,1 anzufügen.
S. XXIV, Z. 15 v. u. l. Edélestand st. Edlélst.
S. XXVIII, Z. 5 v. o. Während zu tilgen.
S. XXIX, Z. 13 v. u. l. Wal st. Wat.
S. 38, Z. 7 v. u. l. comparatione esse st. comparati oneesse.
S. 40, Z. 18 v. u. l. Vademecum st. Vadermec.

Verlag der Weidmannschen Buchhandlung (J. Reimer) in Berlin.

Druck von W. Pormetter in Berlin, Neue Grünstr 30.